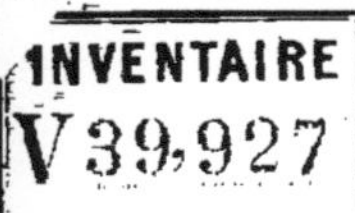

MANUEL COMPLET

DU

PEINTRE EN ÉQUIPAGES

CONTENANT

TOUT CE QUI A RAPPORT A CETTE PROFESSION.

PAR

M. GASTELLIER,

PEINTRE,

EXERÇANT DEPUIS TRENTE-QUATRE ANNÉES CONSÉCUTIVES, SOIT COMME OUVRIER, SOIT COMME CONTRE-MAITRE, SOIT POUR SON COMPTE PERSONNEL.

PARIS

TYPOGRAPHIE D'ÉMILE ALLARD,

RUE D'ENGHIEN, 14.

1858

MANUEL COMPLET

DU

PEINTRE EN ÉQUIPAGES.

LA PEINTURE RAISONNÉE

PAR

M. GASTELLIER.

1858

MANUEL COMPLET

DU

PEINTRE EN ÉQUIPAGES

CONTENANT

TOUT CE QUI A RAPPORT A CETTE PROFESSION.

PAR

M. GASTELLIER,

PEINTRE,

EXERÇANT DEPUIS TRENTE-QUATRE ANNÉES CONSÉCUTIVES, SOIT COMME OUVRIER, SOIT COMME CONTRE-MAITRE, SOIT POUR SON COMPTE PERSONNEL.

PARIS

TYPOGRAPHIE D'ÉMILE ALLARD,

RUE D'ENGHIEN, 14.

1858

AVIS AU LECTEUR.

L'auteur de cet ouvrage, profitant d'une suspension momentanée dans ses affaires, pour cause de santé, veut mettre à la portée de toutes les intelligences, ce que l'expérience, acquise par trente-quatre années de labeur dans l'art de la peinture en voiture, a dû lui apprendre.

En livrant ce travail à la publicité, il n'envisage qu'un seul but : se rendre utile aux jeunes ouvriers qui se destinent à cette industrie, en cherchant à les instruire par le principe logique du travail raisonné ! Si, comme il ose l'espérer, ce travail, produit d'études longues et sérieuses, est accueilli favorablement, l'auteur se croira suffisamment récompensé de ses peines.

En écrivant cet ouvrage, il n'a pas la prétention d'imposer telle ou telle manière d'exécution, mais il a la conviction intime de prouver que la peinture en voitures, exécutée par le principe raisonné, donne pour solution ; Beauté, solidité et célérité.

Le présent *Manuel* contiendra aussi les observations de l'auteur et son jugement sur les matières liquides et marchandises diverses employées dans cette industrie, la manière d'éviter et de remédier aux mauvais effets qu'elles produisent, la désignation nominative des différents outils employés, ainsi que le travail raisonné par demandes et réponses.

MANUEL COMPLET

DU

PEINTRE EN ÉQUIPAGES.

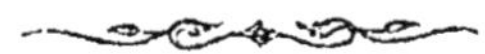

CHAPITRE PREMIER.

DES IMPRESSIONS.

Manière d'imprimer les caisses et trains de voitures; doses de matières et liquides à employer pour composer les impressions et apprêts; les bons et mauvais effets qu'ils doivent produire; les causes de ces effets; l'explication et la manière d'y remédier; le nombre de couches de couleur qu'il faut appliquer aux caisses et trains pour leur mise en état d'être poncés.

EXÉCUTION DU TRAVAIL PAR DEMANDES ET RÉPONSES.

ARTICLE PREMIER.

PANNEAUX EN BOIS. — IMPRESSION DES PANNEAUX EXTÉRIEURS.

Quand une caisse de voiture est terminée de menuiserie, il faut, dans l'intérêt de la peinture à exécuter, en imprimer extérieurement les panneaux de deux couches de blanc de céruse; il faut employer pour cela du blanc de plomb en pain, qu'on réduit en poudre et qu'on mélange ensuite avec de l'huile de lin pure; on en fait un pâté que l'on broiera fin, molletée par molletée détrempée à l'essence de térébenthine (y mettre un peu de siccatif en hiver seulement). Il faut éviter de se servir d'huile grasse. Pour faire sécher ces sortes d'impressions, il faut que la première couche appliquée soit moins épaisse que la deuxième, et avoir soin de bien lisser les couleurs en les appliquant sur les panneaux.

sur les panneaux extérieurs est sèche. On comprend facilement qu'un panneau en bois imprimé des deux côtés à la fois sèche moins bien qu'un autre, également imprimé, mais les couches appliquées à quelques jours d'intervalle, attendu que les matières et liquides que l'on emploie, peuvent s'en dégager par l'aspiration de l'air qui les attire du côté non imprimé. En n'observant pas cet intervalle entre les deux impressions, on ne peut obtenir la célérité, parce que l'humidité, se trouvant concentrée dans l'intérieur des pores du bois et ne pouvant sortir, retarde l'entière siccité des couleurs appliquées sur les panneaux.

ART. 3.

IMPRESSION DES PANNEAUX DEVANT ÊTRE RECOUVERTS PAR DES CUIRS DE VACHE.

Il faut, avant la pose des cuirs, imprimer l'extérieur de la caisse entièrement avec du blanc de céruse de détrempe ordinaire; mais il faut, pour les panneaux à recouvrir de cuirs, que la couleur d'impression à leur appliquer soit nourrie d'huile de lin et qu'on y ajoute du siccatif; ces panneaux peuvent aussi être imprimés avec de vieilles couleurs, mais il faut que ces dernières soient grasses, non terreuses, nourries d'huile. Il ne faut pas mastiquer de trous ni défauts aux panneaux en bois avant la pose des cuirs. Quand les cuirs sont posés, les laisser sécher à fond, leur appliquer deux couches de blanc de céruse, la première, grasse et nourrie d'huile avec du siccatif; ne laisser sécher cette couche que le temps nécessaire pour recevoir la deuxième, qui doit être moins nourrie d'huile que la première, mais plus épaisse et plus chargée de blanc de céruse; ne laisser sécher cette deuxième couche que le temps nécessaire pour recevoir les couleurs terreuses dites couches d'apprêts.

DEMANDES ET RÉPONSES.

1° Pourquoi faut-il imprimer l'extérieur d'une caisse entièrement en blanc de céruse, de détrempe ordinaire, avant la pose des cuirs?

Parce qu'étant ainsi imprimés, les panneaux sont garantis de l'humidité que produit la pâte employée pour la pose des cuirs et ne se fendent pas. — Quant à la détrempe pour cette couche, l'observation est la même que pour les impressions des panneaux en bois.

2° Pourquoi faut-il que les panneaux à recouvrir de cuirs soient imprimés d'une couche de couleur grasse nourrie d'huile, et pourquoi y ajouter du siccatif?

C'est pour que cette couche puisse former corps gras et nerveux sur les panneaux, empêcher l'humidité de la pâte et du cuir dit de vache de pénétrer dans l'intérieur du bois. — Étant grasse, cette couleur repousse et oblige l'humidité à remonter à la surface du cuir, où l'air l'attire d'abord et l'absorbe ensuite ; de cette manière, cette couleur, restant nerveuse, se colle aux peluches du cuir, qui forment, ainsi liées, corps solide; les panneaux se fendraient plutôt que de les séparer.

Note relative à cette couche de couleur d'impression.

Voici l'avantage d'appliquer une couche de couleur grasse :

Elle facilite le travail de la pose des cuirs et peut résister à tout, tandis qu'étant de détrempe maigre, l'humidité de la pâte, de la vache et le va-et-vient de la pose qui altèrent le peu d'huile employé pour la détrempe, fait que le blanc se tourne en plâtre et produit l'effet contraire de celui attendu pour la solidité.

On comprendra que, privant d'huile le blanc en le détrempant, ce blanc, appliqué sur le bois, les pores de ce dernier ainsi que l'air lui absorbent, chacun de son côté, le peu d'huile qu'il contient, et l'essence, qui est volatile et n'a ni force ni action sur lui, fait qu'il reprend son naturel plâtre. — C'est alors que les peluches spongieuses du cuir l'attirent à elles, ce qui le détache du bois; ce dernier dénué de peinture et ne pouvant plus empêcher les cuirs de se tendre quand le soleil frappe dessus, ce qui fait qu'ils se boursoufflent quand ils se trouvent placés à l'ombre ou à l'humidité, ce qui doit être, la chaleur du soleil les ayant détachés du bois.

C'est pour éviter tous ces désagréments, qui ne sont réparables qu'en changeant les cuirs, qu'il faut que cette première couche d'impression soit de composition grasse et nourrie d'huile ; le siccatif qu'on y met a pour mission d'accélérer le séchage.

3° Pourquoi de bonnes vieilles couleurs ont-elles la même qualité pour ce genre d'impressions que le blanc de céruse, et pourquoi faut-il qu'elles soient de composition grasse, nourries d'huile et non terreuses?

Parce qu'elles n'obtiennent la qualité de la couche composée avec du blanc de céruse qu'à la condition de l'être elles-mêmes avec de vieilles teintes, noir, bleu, jaune, rouge, brun ou vert ; les couleurs employées et la nuance qu'elles produisent n'y font rien, pourvu qu'elles soient grasses, nerveuses et non terreuses, tandis qu'en employant pour les composer de l'ocre jaune et du noir de charbon (système d'économie), ces matières, quoique étant de bonne qualité et broyées pour faciliter leur liaison avec l'huile et l'essence, ne sont pas moins couleurs terreuses et produisent encore plus mauvais effet que la couche de blanc de céruse de composition maigre. C'est pourquoi il faut les étudier, afin d'éviter des effets aussi regrettables pour la netteté des cuirs, et toujours observer que les couleurs pour l'impression des susdits panneaux soient composées de la manière qui vient d'être prescrite.

4° Pourquoi faut-il laisser sécher la couche de blanc ou de vieilles couleurs avant la pose des cuirs?

Parce qu'étant bien séchée, elle ne redoute plus l'humidité de la pâte et de la vache; de cette manière, le séchage a lieu dans les pores du bois, ce qui produit de bons dessous.

5° Pourquoi ne pas mastiquer les trous de clous et les défauts au bois avant la pose des cuirs ?

Parce qu'en mastiquant, l'humidité s'infiltre autour du mastic et pénètre en dessous, ce qui le fait remonter en le décollant et lui fait faire des bosses sous les cuirs. Peu à peu, l'humidité, en se retirant, respirée par l'air, laisse un vide que le mastic ne peut plus remplir, puisque ce dernier se resserre en séchant, ce qu'aucun corps composé ne peut éviter. — Alors, les trous et endroits mastiqués qui feraient bosses pendant l'humidité font trous après qu'elle est retirée; effet désastreux qui n'est réparable qu'en levant les cuirs.

Qu'on ne cherche pas à combattre ce raisonnement; l'auteur a pour lui l'expérience. — Que l'on emploie du mastic à l'huile ou au vernis, l'effet serait le même, c'est-à-dire mauvais. — (Voir la note sur les ponçages.)

6° Pourquoi laisser sécher à fond les cuirs quand ils sont posés sur les panneaux en bois et ne les imprimer qu'à cette condition?

C'est pour que la couleur d'impression puisse pénétrer sans obstacle le corps du cuir et produire une fondation solide. Les cuirs posés n'étant pas secs, la première couche appliquée ne peut sécher à fond par suite de l'humidité concentrée qui l'en empêche. — Quoique appliquée sur l'humidité, cette première couche se sèche à la surface seulement par l'air qu'elle reçoit, ce qui fait généralement que, la croyant séchée dans le fond, on applique la deuxième couche de blanc qui, n'éprouvant pas d'obstacle comme la première, sèche ; on applique alors avec confiance les dix ou douze couches d'apprêts qui sèchent aussi. Mais la première couche de blanc appliquée n'ayant pu sécher à fond, comme la deuxième et les autres couches d'apprêts, l'ardeur du soleil ou seulement l'attouchement fait que les deux couches de blanc et les couches d'apprêts s'en détachent par lambeaux ou rubans, et laisse voir à l'ouvrier inexpérimenté et impatient que l'humidité enfermée sous cette couleur en est seule la cause.

7° Pourquoi faut-il appliquer deux couches de blanc de céruse aux cuirs?

Pour en garnir les peluches et obtenir, par la ténacité du blanc, la solidité aux dessous des peintures exécutées.

8° Pourquoi la première couche doit-elle être grasse, nourrie d'huile de lin et mélangée de siccatif?

Parce que cette première couche doit nourrir l'intérieur des cuirs qui sont spongieux, et conséquemment absorbent les liquides; il est donc nécessaire, pour accélérer le séchage, qu'on y mette du siccatif. — La première couche n'étant pas composée comme il est dit, il en résulte que le cuir, faisant éponge, absorberait la plus grande partie de l'huile et de l'essence, et, privée de siccatif, elle laisserait, en séchant trop lentement, le temps à l'air d'aspirer le peu de liquides restant. — Le blanc de céruse, dégagé de ces derniers, reprend son naturel plâtre, reste comme une pâte à la surface du cuir, ne sèche plus et s'enlève à la main sans difficulté. C'est un travail à refaire et une perte de temps onéreuse.

9° Pourquoi ne laisser sécher que le temps nécessaire cette première couche, pour appliquer ensuite la deuxième ?

C'est pour que ces couches puissent se lier ensemble et former un corps solide en dessous, ce qui est impossible lorsque la surface de la première est trop sèche. — Il est évident qu'une peinture durcie est plus difficile à pénétrer qu'une autre qui est tendre.

10° Pourquoi appliquer la deuxième couche moins grasse d'huile, mais plus épaisse et chargée de blanc de céruse que la première ?

Parce qu'il faut que cette deuxième couche de couleur garnisse les peluches de la vache et ait encore assez de force pour soutenir la crudité des apprêts ; il n'y a pas de danger à l'employer épaisse en blanc de céruse et moins grasse d'huile que la première, attendu que cette dernière, qui était nourrie d'huile lors de son application, est devenue couleur ordinaire par le fait des cuirs spongieux qui lui ont absorbé une partie de son corps gras.

11° Pourquoi ne laisser sécher la deuxième couche que le temps nécessaire, pour ensuite appliquer les couches d'apprêts ?

C'est pour obtenir le même résultat expliqué ci-dessus pour la première couche ; il faut remarquer aussi que les apprêts à suivre sont moins nerveux que le blanc de céruse employé pour la deuxième couche appliquée sur la première.

L'auteur recommande au lecteur de se tenir en garde contre un corps gras produit par l'atmosphère, et qu'on nomme buée, excessivement nuisible à la liaison des couches et, conséquemment, à la solidité et à la célérité

C'est donc au moment d'appliquer les apprêts qu'il faut prendre garde de l'enfermer, attendu qu'elle empêche les couches de se lier avec le blanc, ce qui fait qu'aux premiers rayons du soleil ces apprêts s'en détachent par rubans ou lambeaux. — Ayez donc soin de ne laisser sécher vos couches de blanc que le temps nécessaire pour y appliquer les apprêts ; pour enlever cette buée, passez sur vos blancs un coup de papier de verre pour qu'ils obtiennent l'aridité nécessaire à la liaison des couches d'apprêts, ou bien encore, passez dessus une éponge mouillée, et essuyez ensuite avec une peau de chamois. Observation très importante à suivre pour l'application d'une couche sur une autre.

Observation à suivre après la pose des cuirs, pour la solidité.

Il est de première nécessité d'enlever la pâte employée par le corroyeur pour la pose des cuirs, et qui se colle aux panneaux imprimés. Cette pâte, enfermée entre la deuxième couche de blanc et les apprêts, s'arrache quand on ponce la caisse. Quelques personnes grattent cette pâte à l'aide d'un couteau, mais il vaut mieux l'enlever quand elle est encore mouillée, c'est-à-dire aussitôt les cuirs posés.

Pour obtenir un résultat complet de solidité pour les fonds de peinture de voitures, il faut appliquer la première couche d'apprêt sur les couches de blanc d'impression, et avoir soin de tenir cette première couche moins épaisse que celles à suivre et plus chargée en blanc, ce qui donne de la ténacité, favorable à la liaison des couches.

Pour qu'un travail soit parfait, il faut que les jets d'eau à une caisse (berline ou coupé) soient posés après l'application de la première couche de blanc aux cuirs; de cette manière, ils reçoivent la deuxième couche de blanc et lés autres couches d'apprêts, ce qui nourrit les pores du bois et produit l'effet désirable pour la régularité de l'ouvrage et la solidité. N'observant pas ce principe, les jets d'eau posés ultérieurement, étant privés de blanc et d'apprêt, s'écaillent et se dépouillent au moindre choc. — C'est si peu de chose à faire pour obtenir un bon résultat, qu'il serait regrettable qu'on ne prît pas cette recommandation en considération.

EXPÉRIENCE INFAILLIBLE

Pour reconnaître la qualité du blanc de céruse.

Prenez du blanc de céruse en pain ou en poudre, frottez-le à sec sur un morceau de papier blanc, de manière à ce qu'il forme couche. Cette opération terminée, mettez le feu au papier, en ayant soin de le tenir suspendu au-dessus d'une assiette ou d'un morceau de verre. Si le blanc avec lequel vous avez frotté le papier est d'une bonne qualité, dit blanc de plomb, au moment de l'inflammation du papier il devra tomber sur l'assiette ou le morceau de verre de petits globules de plomb en nature ; plus il en produit, plus il a de qualité pour peinture d'équipages, attendu qu'il a le nerf nécessaire à la solidité. Mais s'il ne produisait pas de plomb en nature, soyez prudent, recommencez l'expérience, et si vous n'obtenez pas de résultat favorable, n'hésitez pas de le rendre à votre marchand de couleurs, attendu que pour l'usage de la peinture il compromettrait les dessous des fonds, les bois des trains, et principalement les jantes et les moyeux des roues. Peu après son application sur ces parties, il s'en détacherait en s'écaillant, laissant les bois exposés à l'humidité qui les détruit. Il y a donc intérêt à employer du blanc de plomb de première qualité, le seul pouvant servir ou remplir les exigences voulues pour la solidité.

EXPÉRIENCE

Pour reconnaître la qualité de l'huile de lin pure.

On reconnaît la qualité de l'huile de lin pure à son odeur agréable, à l'odorat et encore en l'employant pour composer le mastic à l'huile. Quand l'huile est pure, le mastic sèche vite et ne détrempe pas, qualité que l'huile falsifiée n'a pas, puisqu'elle empêche de sécher et durcir. En troisième lieu, quand on l'emploie pour détremper les matières broyées à l'essence pour exécuter les rechampissages, l'huile de lin pure tend à les faire sécher sans avoir besoin de recourir au siccatif. Les teintes ainsi préparées ne pelotent pas, ni ne happent sur la plaque et restent liquides dans le godet où elles sont détrempées. L'huile de lin falsifiée produit un effet opposé.

ART. 4.

IMPRESSION DES TRAINS DE VOITURES.

Quand un train est terminé de charronnage et de forge, il faut qu'il soit imprimé d'une couche de blanc de céruse broyé fin à l'huile de lin pure, détrempé à l'essence et mélangé de siccatif.

Avant la couche d'impression, il est bon de prendre un chiffon sec, que l'on imbibe d'essence, avec lequel on enlève la mine de plomb qui se trouve appliquée sur les ressorts par les serruriers ; il faut également enlever l'huile restée autour des boulons et écrous ; cela fait, on époussette le tout avec un outil spécial appelé blaireau à épousseter ; — appliquer ensuite avec soin la couleur d'impression.

DEMANDES ET RÉPONSES.

1° Pourquoi faut-il imprimer un train quand il est terminé de charronnage et de forge ?

Pour que les bois ne repoussent et ne fendent pas, et que la rouille n'atteigne les ferrures.

2° Pourquoi enlever avec un chiffon imbibé d'essence la mine de plomb appliquée sur les ressorts?

Parce que la mine de plomb étant enfermée sous la couleur d'impression, repousse toujours la peinture et la fait piccoter. Le chiffon imbibé d'essence facilite l'enlèvement.

3° Pourquoi enlever aussi l'huile dont les serruriers se servent pour leur travail ?

Parce qu'elle est nuisible à la solidité, par la limaille et les impuretés qu'elle contient.

4° Pourquoi faut-il épousseter avant de donner la couche d'impression.

C'est afin d'obtenir la propreté de l'ouvrage et la sécurité. En laissant sur le train la poussière des forges et les saletés du chiffon imbibé d'essence passé sur les ferrures et les ressorts, ces saletés se mêleraient à la couleur d'impression et nuiraient à la solidité.

5° Pourquoi se servir d'un outil spécial pour épousseter?

C'est pour éviter le désordre dans les outils, qui se déforment par ce genre de travail; le nom donné à cet outil prouve d'une manière suffisante à quel emploi il est désigné.

6° Pourquoi appliquer la couleur avec soin?

Pour qu'elle couvre bien le bois et les ferrures, et reste pour fondation, — ce qui donne économie et propreté; tandis qu'en appliquant cette couche sans soin, les oublis, épaisseurs et coulures qui en résultent, empêchent de la conserver, attendu que ces épaisseurs et coulures s'arrachent en ponçant, ce qui fait qu'elle devient de nulle utilité ou au moins perdue en partie.

7° Pourquoi en blanc de céruse broyé fin à l'huile de lin pure?

D'abord, parce que le blanc de céruse est nerveux, solide et ne s'écaille jamais, ce qui donne un fond solide. Il devient moelleux et couvre bien le bois qu'il pénètre, par la finesse du broyage qui le rend liquide. — En ne le broyant pas fin, les parcelles graineuses du blanc restant au fond du pot et à la surface de la couche appliquée n'étant pas liquides, l'empêchent de bien couvrir.

Il est nécessaire d'employer de bonne huile de lin pure, parce que cette dernière a la vertu de faire sécher les impressions, siccatif naturel qu'elle comporte en elle, et qu'elle communique aux matières. L'huile de lin falsifiée, à cause de ses impuretés, produit l'effet opposé; les impressions sèchent lentement, s'altèrent et compromettent la solidité.

8° Pourquoi le détremper à l'essence?

Pour le rendre liquide, facile à employer et favoriser sa pénétration dans les pores du bois. — (Qualité spéciale de l'essence.)

9° Pourquoi y mettre un peu de siccatif?

Pour accélérer le séchage qui se fait alors intérieurement comme extérieurement; la surface séchant plus vite que l'intérieur, cela nuirait à la liaison des couches à suivre et à la siccité du dessous.

Notes relatives aux impressions des trains.

Chaque train, pour obtenir le résultat solidité, doit recevoir une couche d'impression, ainsi qu'il est expliqué plus haut. On peut aussi, pour flatter la vue, mettre dans cette impression une parcelle de bleu, pour produire une nuance agréable qui allégit la voiture à l'œil.

Il faut bien éviter de détremper les blancs d'impression avec des essences sales, car l'on ignore l'influence que peuvent produire les matières qui les ont salies.

Pour les impressions, notamment pour les impressions des caisses de voitures, il est de toute nécessité de connaître les qualités et les effets des matières liquides employées pour leur composition.

Quant au nombre de couches à appliquer sur un train, cela dépend du genre de travail à exécuter ou du prix accordé; si le train à imprimer appartient à une petite voiture comme il s'en fabrique beaucoup maintenant, bois légers et unis, et ferrures bien limées, on peut l'imprimer seulement et le laisser sur cette couche d'impression, qui, étant de bonne qualité et bien employée, donne pour avantage de la laisser sur le train. Mais si le train à imprimer appartient à une voiture à huit ressorts, voiture de luxe ou de longue durée, où les bois du train et des roues sont forts, il faut y appliquer deux couches de blanc, car cette double impression vous fournira un fond solide, inaltérable à l'humidité pour les bois et à la rouille pour les ferrures.

Le lecteur doit voir par ces notes que l'auteur s'attache spécialement aux travaux acceptables, et qu'il éloigne les matières impures de fabrication, ainsi que l'exécution inférieure des travaux, matières et exécution, qui, sans données d'économie, causent des tourments à ceux qui emploient les unes et exécutent les autres.

Intérieur des coffres.

Les intérieurs des coffres et autres parties d'une caisse doivent, par économie, être imprimés en blanc, comme l'extérieur, ne reçoivent plus qu'une couche de gris-noisette pour être parfaitement couverts, et cela, au moment de terminer la peinture de la voiture.

En imprimant les intérieurs en vieilles couleurs (olives), la couleur-gris noisette ne peut couvrir avec une seule couche, fait transparence et en exige une seconde. Marchandises et temps perdus.

Beaucoup de peintres peignent les intérieurs en bleu, mais le gris-noisette est préférable, en ce sens qu'il est plus convenable et moins sombre que le bleu, d'une part, et de l'autre plus économique.

CHAPITRE II.

COUCHES D'APPRÊTS. — CAISSES EN ÉTAT D'ÊTRE PONCÉES.

ARTICLE PREMIER.

Pour qu'une caisse de voiture soit en état de ponçage, il faut qu'elle reçoive huit couches d'apprêt sur les panneaux en bois, et dix sur les panneaux recouverts de cuir.

COMPOSITION DES APPRÊTS.

On prend pour composer l'apprêt : 1° de l'ocre jaune non lavé ; 2° du blanc de céruse réduit en poudre, 1/20e, que l'on mélange avec l'ocre. On y ajoute après 2/3 d'huile de lin pure et 1/3 d'essence. — En mêlant toutes ces matières et liquides, on fait un pâté qu'on dépose sur une plaque, et que l'on broie molletée par molletée ; cette opération terminée, on le dépose dans un camion, puis on le détrempe à l'essence en y ajoutant du siccatif, mais en hiver seulement. — Bien régler la détrempe, pas d'huile grasse ; passer l'apprêt dans un tamis ou une toile, puis il est susceptible d'être employé.

DEMANDES ET RÉPONSES.

1° Pourquoi faut-il qu'une caisse reçoive huit couches d'apprêts sur les panneaux en bois, et deux en plus sur les cuirs ?

Parce qu'il faut qu'une peinture de caisse, quand elle est terminée, soit d'aplomb et unie comme une glace ; c'est pourquoi il faut y appliquer huit couches d'apprêts, couleurs terreuses, sur les deux couches de blanc d'impression, de manière à former une épaisseur qui remplisse les cavités du bois et du cuir, et supporter le frottement d'une pierre de ponce.

Il faut, sur les panneaux recouverts en cuir, deux couches en plus que sur les bois, par le motif que les cuirs sont d'une nature spongieuse.

Les apprêts qui doivent être la base fondamentale d'une peinture doivent donc être sérieusement observés et étudiés.

2° Pourquoi faut-il employer du jaune non lavé pour composer ces apprêts ?

Parce qu'il a son naturel terreux qui fait sa solidité, il est plus gros que le jaune lavé, mais quelques coups de molette suffisent pour qu'il obtienne la finesse, et pour lui donner la vertu de bien garnir les panneaux sur lesquels on l'applique, et en outre, de produire à la surface un petit grain qui excite la pierre de ponce à gruger. — Il laisse après le ponçage une crudité favorable à la liaison de la couche de gris qu'il reçoit après être poncé.

Le jaune lavé n'a pas la solidité de celui non lavé, parce que le lavage lui fait perdre cette qualité par la finesse qu'il en obtient. Il suffit de l'infuser avec les liquides; c'est pourquoi il fait colle quand on le détrempe et emploie. — Son grain serré fait que la pierre glisse au lieu de poncer, retarde le ponçage ou ne débite pas; sa surface de marbre empêche les liquides de la couche de gris de le pénétrer, et peu après il gerce. — Conséquence inévitable du lavage.

3° Pourquoi ajouter un vingtième de blanc de céruse, le réduire en poudre et le mélanger avec l'ocre ?

D'abord, le blanc de céruse lui donne du nerf et le fait durcir plus vite. — On le réduit en poudre et on le mélange avec l'ocre pour former une seule matière.

4° Pourquoi mettre 2/3 d'huile de lin pure et 1/3 d'essence ?

Parce que l'ocre étant un corps terreux, a besoin d'être soutenu par l'huile qui est un corps gras, et pour exciter ces matières diverses, ocre, blanc et huile, à se mêler et donner à l'apprêt l'aridité voulue pour le broyage et le ponçage, il est nécessaire d'y ajouter le 1/3 d'essence, qui tend en outre à faire durcir l'apprêt.

5° Pourquoi le déposer sur une plaque et le broyer ensuite molletée par molletée ?

Pour débarrasser la pierre à broyer sur laquelle on a préparé le pâté, et, pour broyer ensuite à l'aise, on le dépose sur une plaque, puis on le broie molletée par molletée, c'est-à-dire par petites quantités, pour achever la liaison du blanc de céruse, de l'huile et de l'essence, et lui donner de la finesse.

L'ustensile spécial destiné à recevoir ces sortes de matières quand elles sont broyées, s'appelle *camion*. — On détrempe ensuite les susdites matières à l'essence pour leur donner le liquide nécessaire à l'emploi.

On y ajoute également du siccatif, mais seulement en hiver, pour accélérer le séchage, attendu que le froid et les brouillards de cette saison nuisent à la liaison. — Mesure parfaitement inutile en été, alors que la température douce et chaude et la pureté des matières en tiennent lieu.

6° Pourquoi ne pas employer d'huile grasse ?

Parce que cette dernière fait gercer les apprêts, en raison des ingrédients nuisibles employés pour sa fabrication.

Il est bien nécessaire de régler la détrempe et de faire en sorte que l'apprêt ne soit ni trop épais, ni trop mince. — On le passe ensuite dans un tamis ou toile, pour empêcher les corps étrangers de se mêler à la couleur.

Note relative à cet apprêt ordinaire.

Avec cet apprêt composé et réglé de détrempe, comme il a été expliqué ci-dessus, et observant la recommandation en appliquant la première couche chargée en blanc d'essuyer la buée ; en outre, que les sept ou huit couches aient été appliquées régulièrement et à un intervalle de trois jours entre chacune d'elles, et aient séché le temps exigé pour le ponçage, on aura des fonds à l'épreuve des injures du temps et pouvant résister quinze et vingt ans sans gerçures.

En apprêtant une caisse de voiture, il faut avoir le soin de faire entrer la couleur dans les trous et défauts du bois, de sorte qu'en ponçant, l'humidité ne peut pénétrer dans ces cavités. (Voir, pour plus de détails, au chapitre *Ponçages et Masticages.*)

Quant aux trains à huit ressorts, l'apprêt à employer est le même que celui désigné plus haut pour les caisses ; quatre couches suffisent pour sa mise en état de ponçage. — On peut éviter, par économie de temps, d'apprêter les sculptures, ornements et roguignards ; ces différentes parties étant seulement passées au papier de verre avec soin, produisent un bon résultat.

OBSERVATIONS IMPORTANTES.

Comme il arrive parfois, dans la fabrication d'une voiture, que du jeu soit donné aux portières, ou qu'on ragrée des parties disjointes, ce qui évidemment enlève l'impression à ces parties, il faut, pour la sécurité de l'ouvrage, y appliquer une couche de gris ou de blanc avant l'application des couches de couleurs terreuses ou détrempées au vernis, parce que ces dernières n'y tiendraient pas, s'écailleraient ou se dépouilleraient : preuve évidente et irrécusable que l'impression est la base de toute peinture, puisqu'elle retient les couleurs terreuses ou détrempées au vernis.

Recommandation essentielle.

Il est essentiel de mettre à l'abri de l'humidité tout liquide employé ou à employer ; en conséquence, il faut hermétiquement boucher les bidons, touries, ainsi que les autres vases, camions et poteries, contenant des matières broyées et détrempées, pour éviter qu'elles ne s'altèrent, ce qui est nuisible tant à la solidité qu'à l'économie, attendu qu'une teinte épaissie par l'air exige pour un autre emploi d'être éclaircie par l'essence, ce qui la rend maigre. Les liquides exposés à l'air perdent immensément de leur qualité. Cette recommandation mérite quelque attention.

ART. 2.

APPRÊTS DITS TEINTES DURES POUR LES TRAVAUX PRESSÉS.

COMPOSITION DE CES APPRÊTS.

1/10ᵉ de blanc de céruse broyé séparément à l'huile de lin

pure ; ocre jaune non lavée, broyée fin à l'essence, un peu claire, déposée, au fur et à mesure du broyage, dans un camion avec le blanc de céruse ;—ajouter du noir de fumée en petite quantité ; mélanger ces trois matières dans le vase, les détremper avec du vernis gras fabriqué à la gomme dure ; introduire le vernis graduellement avec les matières broyées, et y ajouter du siccatif, environ un centilitre par litre ; surtout supprimer l'huile grasse ; en régler la détrempe, passer la teinte dans un tamis, l'essayer ensuite et, une fois à son point, l'appliquer.

DEMANDES ET RÉPONSES.

1° Pourquoi employer 1/10e de blanc de céruse ?

Pour donner à la teinte dure le nerf nécessaire ; cette quantité de blanc qui dépasse l'ordinaire est pour paralyser la crudité du jaune-ocre.

2° Pourquoi broyer le blanc séparément à l'huile de lin pure ?

Pour qu'il soit entièrement liquéfié et qu'il obtienne le nerf voulu pour la composition des teintes dures, chose à laquelle on ne pourrait prétendre en le broyant avec l'ocre qui doit, du reste, être broyée à l'essence et dont la nature es terreuse. — Quant à l'emploi de l'huile de lin pure, c'est afin de lui donner le moelleux nécessaire à sa liaison avec l'ocre maigre, vertu que l'huile de lin pure seule peut lui transmettre.

3° Pourquoi employer de l'ocre jaune non lavée, broyée à l'essence, un peu claire de broyage?

Parce que le jaune-ocre ayant tout son corps solide, le broyage à l'essence l'excite à happer et sécher promptement, ce qui est de première nécessité pour les teintes dures. On le tient clair de broyage pour n'avoir plus besoin d'y remettre de l'essence pendant ou après la détrempe, ce qui serait nuisible à l'action siccative de l'apprêt.

4° Pourquoi le déposer, au fur et à mesure du broyage, dans un camion avec le blanc broyé, et y ajouter un peu de noir de fumée ?

Pour se rendre compte des proportions des matières avant l'introduction du vernis. Quant au noir de fumée qu'on y ajoute, il n'a d'autre mission que de donner à cet apprêt une teinte grise.

On mélange les trois matières ensemble pour qu'elles soient intimement liées, et qu'elles ne forment qu'un seul corps avant l'introduction du vernis pour la détrempe.

5° Pourquoi du vernis gras fabriqué avec de la gomme dure ?

Parce que le vernis ainsi fabriqué a tout ce qu'il faut pour la composition des teintes dures, — le gras moelleux que l'huile de lin pure lui donne, la solidité et la dureté que la gomme dure seule peut produire.

6° Pourquoi introduire ce vernis graduellement dans les matières broyées ?

C'est pour obtenir qu'elles deviennent liquides au fur et à mesure de son introduction, et pour éviter de remettre des matières broyées, une fois la détrempe achevée, ce qui arriverait si l'on versait trop de vernis du premier coup ; les matières broyées, ajoutées après, se détrempent difficilement et nuisent à l'action siccative de ces teintes dures.

7° Pourquoi ajouter du siccatif dans la proportion d'un centilitre par litre ?

C'est pour que la teinte se durcisse à fond, par la proportion du siccatif qui dépasse l'ordinaire. En se servant de celui de la maison Aubert, rue Cadet, 6, ou de pareille fabrication, il n'y a rien à craindre pour la solidité, attendu que la substance principale de ce siccatif est de l'huile de lin cuite.

8° Pourquoi rejeter l'emploi de l'huile grasse ?

Parce que cette dernière contient des ingrédients employés pour sa fabrication, qui sont nuisibles aux apprêts.

9° Pourquoi en régler la détrempe avec soin et la passer dans une toile ou tamis ?

La détrempe est l'important d'une bonne teinte dure; étant trop épaisse, elle empâte, ce qui nuit à la siccité ; étant trop claire, elle ne garnirait pas assez, et par ces deux faits perdrait sa qualité. Il y a donc double intérêt à bien étudier la détrempe.

On passe la teinte dans un tamis pour en distraire les saletés et corps étrangers qui nuiraient à la netteté. Cette observation s'applique en général à toute espèce de teinte.

10° Pourquoi essayer la teinte avant de l'employer ?

Parce que cet apprêt, plus que tout autre, exige, pour être parfait et qu'il puisse remplir toutes les conditions de solidité et de célérité, qu'on l'essaie avant de l'employer, car toute sa qualité est dans le point de détrempe qui ne s'obtient qu'avec du calme et de la patience. Pour qu'il soit comme il est dit, il faut que la surface de la couche essayée soit d'un brillant doux, pour ne pas dire terne, et cela cinq minutes après l'essai. Cet effet à produire fait supposer qu'elle serait trop brillante en y ajoutant une plus grande quantité de vernis.

Note sur l'apprêt dit TEINTE DURE.

L'apprêt, dit teinte dure, composé dans les proportions prescrites ci-dessus, donnera un résultat complet de solidité et surtout de célérité. Une caisse à apprêter en teinte dure doit recevoir, avant l'application de cette dernière, deux couches de blanc, comme les autres caisses qu'on charge d'apprêts ordinaires. Il faut avoir soin de n'appliquer les couches de teinte dure que lorsque les couches de blanc sont bien séchées, parce qu'il y aurait à craindre l'effet d'une couche terne sur une brillante, effet nuisible pour la solidité, attendu que l'action de cet apprêt siccatif est de pénétrer à fond et vite les corps sur lesquels on l'applique.

Si toutefois une peinture était demandée à une époque déterminée, et que la voiture n'ait que des panneaux en bois, on pourrait, pour gagner du temps, appliquer cet apprêt sur une seule couche de blanc, mais à la condition qu'elle soit bien couverte, attendu que, dans la composition de cet apprêt, il existe beaucoup de blanc ; mais il ne faut pas adopter cette méthode pour toutes les voitures.

Il est de toute nécessité d'appliquer sur les cuirs deux couches de blanc avant l'apprêt, soit ordinaire, soit teinte dure.

En ayant soin de remiser la voiture à apprêter dans un atelier chauffé (si la température est froide), on peut lui appliquer deux couches par jour, une le matin et une autre le soir; c'est l'ordre de la donnée des couches qu'il faut adopter pour la régularité et la solidité de cet apprêt, surtout sans interruption jusqu'au chiffre de couches nécessaire pour exécuter le ponçage: nombre raisonnable, sept ou huit couches pour les panneaux en bois, et neuf ou dix pour les cuirs. L'application de cette teinte dure exige, pour être parfaite et produire bon effet, tous les soins apportés pour les teintes fines, c'est-à-dire que plus elles sont appliquées également, plus le ponçage en est agréable et s'exécute promptement.

Cet apprêt forme un fond de marbre se ponçant parfaitement et en toute sécurité, quatre ou cinq jours après l'application complète des couches. — Si cette teinte dure ne coûtait pas si cher pour sa composition, il vaudrait mieux l'employer que les apprêts ordinaires, attendu qu'on obtient de bons et prompts résultats.

Observation urgente à suivre pour les travaux pressés.

Comme une peinture apprêtée en teinte dure est toujours pressée, il faut, pour gagner du temps et faire un travail convenable, mastiquer les trous de clous et les défauts à la caisse avec du mastic au vernis sur la première couche de teinte dure appliquée, pour ensuite recouvrir les mastics posés par les six ou sept autres couches de teintes dures, de manière que quand la caisse est poncée, les mastics se trouvent unis, et les trous de clous et défauts de bois bouchés.

EXPLICATION DE QUELQUES TEINTES DURES

Que l'auteur ne garantit pas, mais qu'il soumet aux lecteurs.

Les quelques teintes dures dont il est question ne sont véritablement que des apprêts ordinaires tronqués, excepté une teinte dure à la colle dont il sera question. 1° L'apprêt teinte dure se compose avec l'ocre, et, au lieu d'employer de l'huile de lin, comme pour les apprêts ordinaires, on remplace cette dernière par du siccatif Aubert (rue Cadet, 6,) ou de même fabrication, ce qui fait que ce siccatif y entre pour un tiers. — On ajoute ensuite un cinquième d'essence, on mêle le tout ensemble, puis on en fait un pâté que l'on broie molletée par molletée; cet apprêt, en le broyant, séchant trop vite, on y remédie en l'arrosant à l'essence.

Une fois broyé, on détrempe cet apprêt avec de l'essence seulement jusqu'à son point, et on le passe à travers une toile, et il est prêt à être employé. — Avec cet apprêt, on peut aisément appliquer quatre couches par jour sur la caisse à apprêter, et on obtient un résultat satisfaisant. Quant au siccatif qui y rentre en grande quantité, son effet n'est pas dangereux, attendu que l'huile de lin cuite en est la substance principale. 2° Le second procédé pour composer une teinte dure est facile ; en voici l'explication : c'est d'ajouter, dans une potée d'apprêt ordinaire déjà détrempé, quelques molletées de blanc de céruse broyé à l'essence que l'on tient un peu clair de broyage; ajouter ensuite dans cet apprêt du siccatif, de manière que ce dernier remplace l'essence qu'il faudrait employer pour détremper à leur point les quelques molletées de blanc à ajouter à l'apprêt de la potée, ce qui fait que cette teinte qui, un moment avant, était apprêt ordinaire devient teinte dure, par le fait des molletées de blanc à l'essence et du siccatif qu'on y ajoute, parce que le blanc de céruse broyé à l'essence le dégraisse et que le siccatif le fait durcir. Cet apprêt est bon, mais il est tronqué.

3° Teinte dure à la colle. — On la compose de la manière suivante : Prendre du blanc d'Espagne infusé dans de l'eau, de manière à en faire une pâte qu'on détrempe avec de la bonne colle de peau liquide et chaude; en régler la détrempe. Cet apprêt doit s'employer tiède. Ainsi employé, on obtient avec cet apprêt le chiffre de quatre couches par jour. Le ponçage doit s'exécuter avec peu d'eau pour égrainer la surface seulement, attendu qu'en le mouillant avec beaucoup d'eau, comme en ponçant les apprêts ordinaires, il y aurait risques à courir de tout arracher. — Étant à la colle, le ponçage terminé, la peinture s'exécute comme sur les autres apprêts.

On fit longtemps usage de cette teinte en Allemagne; cependant il ne serait pas bon de l'employer pour les voitures exposées constamment à l'humidité.

CHAPITRE III.

QUESTION DES PONÇAGES. — CAISSES ET TRAINS.

ARTICLE PREMIER.

PONÇAGE DES CAISSES.

Le but du ponçage est d'obtenir que les panneaux surchargés d'apprêts terreux en grande quantité deviennent unis et d'aplomb.

Les ustensiles et outils employés pour cet usage sont des éponges et des seaux ; les matières sont de la ponce en pierre ; on prend de grosses pierres de ponce pour les grands panneaux, et de petites pierres pour les coins et endroits rétrécis. Il faut avoir soin de se servir de pierres tendres pour poncer les apprêts durs, et de pierres dures pour les apprêts tendres.

Si la caisse à poncer est un coupé ou une berline, il faut toujours commencer par l'impériale, ensuite les panneaux de cuir ; on doit toujours frotter de long en large, mais pas à petits coups ; une fois le ponçage terminé, il faut laver la caisse entièrement, puis on la laisse sécher par l'air, si la peinture n'est pas trop pressée, avant l'application de la première couche de fond.

DEMANDES ET RÉPONSES.

1° Pourquoi unir les apprêts et rendre les fonds d'aplomb ?

Parce qu'une fois unis et d'aplomb, la peinture fait glace ; ce que l'on ne pourrait obtenir, les apprêts n'étant pas poncés.

2° Pourquoi se servir d'éponges et de seaux remplis d'eau ?

Parce que, pour bien poncer les apprêts, il faut beaucoup mouiller pour faciliter le ponçage et pour éviter que la couleur frottée ne se colle à la pierre qui frotte, ce qui arriverait si l'on mouillait peu ou pas. La couleur formant pâte sous la pierre se roule et s'arrache au lieu de s'unir; c'est pourquoi on se sert d'une éponge, car cette dernière retient dans son intérieur l'eau favorable au ponçage, et que l'ouvrier qui ponce dirige selon ses besoins; le seau qui contient l'eau est l'ustensile spécial pour la tenir à la portée et à la disposition de cet ouvrier.

3° Pourquoi emploie-t-on de la ponce en pierre ?

Parce que la ponce en pierre a la vertu, qui lui est donnée par sa nature poreuse, de gruger les apprêts et de les unir tout à la fois.

4° Pourquoi se servir de grosses pierres de ponce pour les grands panneaux et de petites pour les coins et endroits rétrécis ?

Parce que, avec les grosses pierres, le ponçage s'opère plus lestement et l'on obtient de suite l'aplomb. On se sert de petites pierres pour les coins et petits endroits, parce qu'elles en prennent toutes les formes et contours, ce qui facilite le travail.

5° Pourquoi se servir de pierres tendres pour les apprêts durs et de pierres dures pour les apprêts tendres ?

D'abord, parce que les apprêts étant durs, les pierres tendres grugent mieux et donnent la célérité, ce qu'on ne pourrait évidemment obtenir en frottant une pierre dure sur un corps également dur. — De même qu'en se servant de pierres tendres et creuses sur un apprêt tendre, au lieu d'unir la couleur, on l'arracherait inévitablement.

6° Pourquoi commencer par l'impériale en ponçant une caisse de coupé ou de berline ?

Parce qu'en commençant par l'impériale, l'ouvrage se nettoie au fur et à mesure que l'on ponce, ce qui ne pourrait être en commençant ailleurs, attendu que les saletés du ponçage, par une raison naturelle, descendent et ne remontent pas.

7° Pourquoi continuer ensuite par les panneaux recouverts en cuir ?

Pour éviter qu'ils soient longtemps mouillés, ce qui leur serait nuisible, surtout au bord de la lunette et le long des clous, où l'eau tend à s'infiltrer et les fait boursoufler.

8° Pourquoi frotter en long et en large ?

Parce qu'en frottant de cette manière, on obtient l'aplomb exigé pour une peinture soignée, ce qui ne saurait être qu'à cette condition.

9° Pourquoi ne pas poncer par petits coups ?

Parce qu'en opérant de cette manière on obtient un mauvais ponçage qui ondule les panneaux au lieu de les unir et les rendre d'aplomb. — Ces ondulations s'aperçoivent plus encore quand la peinture est terminée. — Preuve évidente que l'aplomb doit venir du dessous.

Note pour la sécurité.

Il arrive fréquemment que les serruriers en ajustant les ferrures aux caisses de voitures, comme aux intérieurs des coffres, que ces ferrures, sortant de la forge brûlantes, font clocher les apprêts, effet facile à comprendre, attendu que ces apprêts, composés avec de l'huile et du blanc de céruse, forment un corps gras sur les panneaux en bois qui sont eux-mêmes poreux, et qu'aussitôt atteints par la chaleur vive d'un fer rougi au feu, ils se ramollissent, l'huile et l'essence fermentent et boursoufflent à la surface, étant détachés du fond ; c'est ce qu'on appelle, en termes techniques, clocher. Ces cloches, petites ou grosses, doivent, sans hésitation, être poncées jusqu'au bois pour éviter les épaisseurs ; voilà le seul moyen pour remédier à ces accidents.

10° Pourquoi laver entièrement la caisse après l'avoir poncée ?

Pour enlever toute la crasse du ponçage, ainsi que les petites parcelles de pierres de ponce qui se détachent en frottant, saletés qui se nichent dans les petits endroits de la caisse et nuisent à sa propreté. — En les enlevant au moment du ponçage, elles n'ont pas le temps de s'y coller fortement.

11° Pourquoi laisser sécher la caisse poncée avant l'application de la première couche de fond ?

Parce que l'humidité, que le ponçage produit par l'eau employée en abondance, restant enfermée dans les cavités des trous, défauts et pores du bois, nuirait à la siccité de la peinture à exécuter.

Notes sur le ponçage en général.

On ne saurait trop engager les peintres en voitures de surveiller l'exécution du ponçage des apprêts à une caisse : c'est le point de départ pour les travaux soignés, attendu qu'il n'en coûte pas plus de bien poncer que de le faire mal.

Une caisse où les coins des panneaux et les gorges de moulures sont poncés également donne économie de main-d'œuvre pour ce qui concerne le masticage au vernis et le ponçage de ce mastic, main-d'œuvre inévitable quand tous ces endroits désignés sont rayés, arrachés ou mal poncés.

Avant de poncer une caisse de voiture quelconque, il faut avoir le soin d'enduire de mastic à l'huile les bords des lunettes et autres endroits susceptibles d'être atteints par l'humidité, pour éviter l'infiltration de l'eau qui fait boursouffler les cuirs. Cette précaution, bien simple, empêche ces mauvais effets.

Beaucoup de peintres ont pour habitude de mastiquer les défauts et les trous de clous aux caisses, sur la dernière couche d'apprêt, quelques jours avant et bien souvent la veille du ponçage, pour obtenir, disent-ils, la célérité et l'économie, attendu qu'en s'y prenant de la sorte, les apprêts et les mastics se trouvent poncés du même coup.

C'est un tort, car voici ce qui arrive presque toujours : Que l'eau employée abondamment pour ce genre de main-d'œuvre humecte l'apprêt et le mastic, ce qui les détache l'un de l'autre et leur retire pour toujours à chacun le pouvoir de se recoller ensemble. L'humidité oblige le mastic à remonter, et, le décollant du trou pour s'y introduire et prendre sa place, la pierre de ponce, passée à la surface de l'apprêt pour unir ce dernier, unit en même temps la partie repoussée du mastic, ce qui laisse croire à l'ouvrier ponceur que le mastic tient intimement à l'apprêt de l'intérieur du trou, ce qui cependant est une erreur, attendu qu'aussitôt la caisse poncée, l'humidité enfermée sous le mastic s'empresse de sortir en sentant l'air, et laisse un vide qui fait place au mastic du côté de l'intérieur du trou.

Regardez, du reste, n'importe quelle voiture peinte par le procédé de mastic au vernis sur les apprêts avant le ponçage, vous y remarquerez toujours les endroits mastiqués faire bosses et trous. — Cette note mérite qu'on y fasse attention, à moins d'exécuter comme il a été expliqué à l'article 2, chapitre II, sur les teintes dures.

La seule bonne manière à suivre, la voici :

C'est de bien laisser sécher à fond une caisse une fois poncée, et, quand il n'y a plus d'humidité à craindre, lui appliquer une couche de couleur grise ou blanche, et seulement sur cette couche, une fois sèche, mastiquer au mastic au vernis, comme il est expliqué à l'article sur les mastics. (Voir chapitre V.)

Quant à beaucoup mouiller les apprêts en ponçant pour obtenir un beau ponçage et l'accélérer, il est aisé à comprendre que l'eau employée en grande quantité, et qui sans cesse découle sur les apprêts, doit éloigner de la partie que l'on ponce la couleur poncée des apprêts, ce qui laisse à la pierre la liberté d'agir rondement et parfaitement, comme aussi cette eau entraîne de la partie que l'on ponce toutes les petites parcelles ou grains qui se détachent de la pierre, petits grains qui raient les apprêts quand ils se rencontrent sous la pierre qui ponce.

L'auteur se plaît à croire que son principe, expliqué de la sorte, mettra le lecteur le moins intelligent à portée de comprendre.

Il existe encore une vieille habitude dans la peinture en équipages, qui consiste à appliquer une couche de couleur rouge à une caisse avant de poncer pour guider le ponceur; le nom donné vulgairement à cette couche est *guide-âne*, nom peu flatteur pour l'ouvrier employé à ce genre de travail. — Enfin, toujours est-il que l'ouvrier qui sait bien poncer n'a nullement besoin de cette couche de rouge pour le guider, et que le mauvais ponceur, malgré cette couche, n'en poncera pas moins mal.

Donc, il faut conclure que ce guide-âne est une couche perdue, une marchandise mal employée, à moins cependant que cette couche ne soit appliquée sur les apprêts au titre de ces derniers.

PIERRES A PONCER LES APPRÊTS.

La pierre généralement plus connue, comme aussi la meilleure pour poncer les apprêts, est, sans contredit, la pierre de ponce volcanisée; son corps poreux est favorable au ponçage.

Une autre pierre appelée pierre polka, pierre réfractaire et encore rabat-doux (ce dernier nom lui a été donné par les marbriers), que l'on trouve dans le nord et dans plusieurs départements de France, et qui prend naissance dans les marais sablonneux, offre d'assez bons résultats, surtout pour le ponçage des vieilles peintures, attendu qu'elle gruge beaucoup et ne graisse pas en frottant; mais, pour ces sortes de pierres, il y a beaucoup de choix. Trop dures, elles poncent difficilement; trop tendres, elles perdent leur action en se réduisant en sable (leur nature primitive). — Mais il est facile de s'en rendre compte en les essayant : étant bonnes, elles sont à rechercher pour les ponçages de mastic au vernis, parce qu'une fois taillées, elles restent intactes sans se déformer, avantage que la pierre de ponce volcanisée ne peut conserver, puisqu'elle se brise au moindre choc.

Une troisième pierre, qui ne diffère de celle appelée rabat-doux que par sa couleur et sa composition de stuc, donne également des avantages pour le ponçage des vieilles peintures. — Quant au ponçage des apprêts, ces deux dernières pierres ont trop d'action et arracheraient au lieu d'unir. On trouve le rabat-doux dans les grands ateliers de marbrerie, et cette dernière chez les marchands de couleurs.

Enfin, ces trois sortes de pierres à poncer peuvent être taillées et prendre toutes espèces de formes; il suffit pour cela de les frotter sur une tuile ou sur un grès, mais il vaut mieux employer la tuile à cause de son grain uni, fin et serré, qualités qui lui viennent de la cuisson. — Le grès excite plus les pierres de ponce à rayer, attendu qu'en les frottant sur ce dernier, les grains vitreux qui s'en détachent se nichent dans les cavités de la pierre de ponce et font rayer ou raient les apprêts en ponçant. — Les pierres de ponce ne doivent jamais séjourner dans l'eau, car elles y durcissent et perdent le pouvoir de poncer, ou du moins perdent de leur qualité ; c'est l'effet de l'eau qui en resserre le grain.

En Italie, les peintres en voitures emploient pour le ponçage le biscuit de mer ; mais l'avantage qu'ils en obtiennent est loin d'offrir celui obtenu au moyen des pierres ci-dessus.

Art. 2.

PONÇAGE A L'EAU POUR TRAINS.

Pour le ponçage à l'eau des trains chargés de couches d'apprêts, il faut employer le même procédé que celui appliqué dans l'article précédent pour les caisses apprêtées.

Il faut tenir l'éponge d'une main et la pierre de l'autre, avoir le soin de beaucoup mouiller la partie à poncer ; il faut éviter en ponçant d'atteindre les pores du bois, parce que l'humidité le ferait repousser. Il faut, en outre, bien tailler les pierres de ponce, afin d'unir les petits endroits, comme les grands, ce qui est facile à faire en suivant attentivement l'ouvrage ; tout dépend de la bonne volonté de celui qui exécute.

Quand une partie d'un train, soit avant-train, dessus ou derrière, est fini de ponçage, il est nécessaire de bien la laver, pour éviter que les saletés que le ponçage produit ne se collent sur les apprêts poncés, ce qui nuirait à la solidité.

Art. 3.

PONÇAGE D'UN TRAIN, SOIT A L'ESSENCE, SOIT AU PAPIER DE VERRE.

Le but du ponçage à l'essence est d'obtenir la célérité dans les travaux, ponçage qui, étant bien exécuté, donne pour résultat la célérité et la solidité. — Il a pour concurrent le ponçage au papier de verre ; cependant ce dernier ne saurait donner, en aucun cas, le même avantage.

Nous allons analyser les effets de ces deux procédés, différents l'un de l'autre, et cependant visant au même but.

Quand l'ouvrier observe bien la couche de blanc d'impression appliquée à un train ; qu'il a le soin d'employer de bonnes matières et liquides, tels que blanc de céruse et blanc de plomb broyés fin; qu'il en fait l'application sans oubliettes, épaisseurs, ni coulures, cet ouvrier aura économie d'une part et satisfaction de l'autre, puisqu'il n'a besoin de poncer à l'essence que les grandes parties, et les petites au papier de verre usé pour seulement égrainer le blanc et enlever la crasse qui se forme à la surface des couches de couleur. Ce blanc d'impression broyé fin et bien appliqué se trouve conservé sur le train, bois et ferrures, et forme corps solide, ce qui donne pour résultat célérité et solidité.

Le ponçage s'exécute de la manière ci-après indiquée : On verse dans un pot de l'essence pour en prendre au fur et à mesure des besoins; on se sert d'un vieil outil pour éviter de s'en mettre aux doigts. — Avec cette essence on humecte la partie que l'on veut poncer, on passe aussitôt une pierre de ponce sèche et unie sur cette partie humectée, et quand elle est assez forcée de ponçage, on l'essuie avec un chiffon sec; mais si la partie frottée ne l'était pas assez, et que les pores du bois reparussent encore, on repasse l'essence et la pierre de ponce sur ces derniers, et après on essuie au chiffon.

Tout dépend des soins apportés par l'ouvrier qui ponce, à savoir : de bien enlever la crasse du ponçage qui toujours se niche dans les coins et fonds des moulures, autour des boulons et écrous, étotiots de ressorts, entre-raies, rivets des roues, ainsi qu'aux cercles des bandages de roues. Cette crasse, enfermée sous la couche de gris, se détache tôt ou tard de ces endroits, et fait écailler la peinture quand la voiture roule.

Ce ponçage, bien exécuté, est parfait pour préparer les dessous de peinture pour voitures légères; il ne détruit rien de la qualité de couche de blanc d'impression, n'arrache pas les pores du bois et ne les raie pas; au contraire, il les resserre, repousse l'impression sur elle-même, ce qui fait que la couleur entre plus dans les pores du bois. — Effet avantageux pour la solidité.

Continuons par le ponçage au papier de verre bien exécuté, lorsque la couche d'impression est bien observée par le peintre. Ce ponçage égratigne le blanc au lieu de l'unir, comme le ponçage à l'essence; ce blanc, égratigné par le papier de verre, se détache du bois pour se coller au papier auquel il retire le pouvoir de poncer, l'ayant crassé, ce qui oblige l'ouvrier à reprendre d'autre papier non crassé ; ce dernier, n'éprouvant plus d'obstacle par le blanc déjà égratigné, raie ou, pour mieux dire, arrache le bois, creuse les pores, qui, dépourvus de couleurs, reprennent leur naturel poreux. Voilà l'effet du ponçage : couche d'impression perdue et solidité compromise.

CONCLUSION.

Le ponçage à l'essence, bien exécuté, améliore les peintures, sans nuire à leur solidité; mais tout dépend de la couche d'impression et des deux autres couches de gris appliquées après le ponçage ; lorsque ces dernières sont bien nourries d'huile, appliquées sur la couche de gris d'impression qui, elle-même, est en partie conservée, et qu'elle a nourri les pores du bois, il est positif que ces trois couches, les unes sur les autres, donnent un fond solide.

Le ponçage au papier de verre arrache le blanc au lieu de l'unir, creuse les pores du bois au lieu de les resserrer, et ces pores, devenus spongieux, absorbent les liquides des couches de gris appliquées après le ponçage, ce qui fait que peu à près la peinture s'écaille.

CHAPITRE IV.

ARTICLE PREMIER.

MANIÈRE DE PRÉPARER UNE CAISSE PONCÉE POUR LA METTRE EN ÉTAT DE RECEVOIR LA COUCHE DE GRIS, DITE PREMIÈRE COUCHE DE FOND.

Pour préparer une caisse comme il est dit, il faut passer sur les parties poncées une pierre de ponce sèche et unie et éviter de frotter fort sur l'apprêt, parce qu'il s'en détache des parcelles qui se collent à la ponce et font crasse, sont susceptibles de rayer l'apprêt frotté. Pour détacher cette crasse de la pierre, il suffit de frotter sur une autre pierre de ponce sèche ou sur une tuile, ce qui l'en détache aussitôt. La pierre de ponce sèche et unie, passée superficiellement sur les apprêts poncés, enlève les aspérités du ponçage à l'eau et les éclaboussures du ponçage à l'essence des feuillures.

Ce genre de préparation d'une caisse est le préférable. C'est après cela qu'il faut poncer les feuill ures à l'essence, cela excite la couleur à happer, si la voiture est calèche, coupé ou berline, et généralement voiture à compartiments.

Ce ponçage à l'essence pour les feuillures s'exécute comme ceci : On gratte d'abord les bavures et épaisseurs d'apprêts, qui sont presque inévitables quand on apprête les caisses; cela fait, on prend de l'essence dans un pot, en se servant d'un vieil outil pour en prendre au fur et à mesure des besoins; on imbibe cet outil d'essence, on en passe sur la partie à poncer, qu'on frotte aussitôt avec une pierre de ponce sèche jusqu'à ce que la partie frottée soit unie, qui, une fois dans cet état, doit être essuyée avec un chiffon séché pour enlever la crasse que produit le ponçage.

Pour les coulisseaux et descentes de glaces aux coupés et berlines, la pierre de ponce, ne pouvant sans se briser atteindre dans les bas-fonds et les coins, peut être remplacée avec avantage par un morceau de bois doux que l'on taille suivant les exigences.

La netteté et la propreté pour le ponçage à l'essence sont les premiers éléments pour obtenir un travail supérieur. Les feuillures peuvent aussi être poncées au papier de verre; mais que deux voitures terminées de peinture soient placées l'une à côté de l'autre, il sera facile de reconnaître les feuillures passées au papier de verre, qui seront arides comme une râpe. Y aurait-il vingt couches appliquées par-dessus, qu'elles n'en seraient pas moins toujours creuses, effet produit par le papier, qui gratte et arrache; tandis que les feuillures poncées à l'essence seront unies et feront glace, effet produit par la pierre ponce, qui unit les pores du bois au lieu de rayer ou arracher. — Quand les feuillures sont poncées, on époussette entièrement la caisse avec un outil spécial appelé blaireau à épousseter, et, de cette manière, la caisse se trouve mise en état de recevoir la couche de gris. Il faut avoir bien soin de ne laisser aucune saleté dans les coins des panneaux.

La préparation des trains poncés sur les apprêts est la même que pour les caisses, à part qu'il faut passer la lame d'un couteau entre les feuilles et faces des ressorts, nettoyer les écrous, bien épousseter, et appliquer ensuite la couche de gris.

Art. 2.

COUCHE DE GRIS, DITE PREMIÈRE COUCHE DE FOND A UNE CAISSE.

La première couche de gris à appliquer à une caisse, après le ponçage, se compose avec du blanc de céruse imbibé d'huile de lin et broyé fin, que l'on dépose dans un pot, en y ajoutant un peu de noir de fumée afin de produire une nuance grise ; on ajoute un peu d'essence en commençant pour les mêler ensemble, et l'on finit la détrempe toujours avec de l'essence; on y ajoute un peu de siccatif. On le passe ensuite dans de la gaze, puis on l'emploie. Plus le blanc de céruse est broyé fin, plus il couvre; il n'est pas nécessaire qu'il soit employé épais, chose à laquelle il faut faire attention, parce qu'il corderait, ou, pour mieux dire, la surface de la couleur serait côteuse.

Il est toujours prudent d'essayer les teintes avant leur emploi, pour obtenir que le travail se fasse également et à coup sûr ; avec cette composition de couleur grise, un fond de peinture sera toujours convenable pour suivre la teinte demandée ; il ne faut pas se servir d'essence sale pour détremper les teintes, cela nuirait à la solidité, comme il a été dit d'autre part.

Pour déguiser une caisse (c'est le nom donné à cette couche), si la caisse est berline ou coupé, il faut commencer par l'impériale, suivre ensuite par les grands panneaux du haut, et ainsi de suite, pour éviter d'éclabousser; surtout bien lisser en long et en large et sécher la teinte sous l'outil, et, en finissant, avoir la main légère. Si, toutefois, il arrivait qu'en appliquant la couche de gris à l'impériale, on éclaboussât le dessus du coffre ou autres endroits, il faudrait ne pas oublier de faire reprendre la couleur d'éclaboussure avec celle fraîchement appliquée pour faire disparaître les épaisseurs.

La couche de gris qu'on applique à une caisse poncée mérite toute l'attention de l'ouvrier; il faut, pour cette opération, se servir de deux sortes d'outils : un grand blaireau pour les grands panneaux, et un petit blaireau pour les petites parties et les feuillures.

La composition et l'application de cette couche de gris, pour déguiser un train poncé à l'eau, sont les mêmes que pour une caisse : le bien-fait de l'ouvrage dépend en partie des soins apportés par l'ouvrier qui exécute, en lissant et séchant bien sous l'outil, la couleur grise. Le résultat sera toujours satisfaisant pour le séchage et la netteté des fonds de caisses et trains poncés.

Observations sur cette première couche
pour la variété de ses nuances.

Quand la peinture d'une voiture est demandée jaune paille, il faut appliquer la première couche après le ponçage, en blanc de céruse pur broyé à l'huile de lin fin, détrempé à l'essence avec un peu de siccatif. Cette couche blanche dispose le dessous pour recevoir le jaune.

Quand une peinture est demandée rouge, il faut que la première couche soit rose, et composée comme suit : blanc de céruse broyé à l'huile de lin fin, mélangé avec un peu de vermillon ou n'importe quel rouge, détrempé à l'essence avec un peu de siccatif. Cette couche rose appliquée dispose le dessous à recevoir le vermillon pur.

Tous les dessous se préparent, pour recevoir les autres couleurs comme nuances, par une première couche de gris appliquée sur le ponçage. Cette couleur grise est composée également avec du blanc de céruse broyé comme il est dit plus haut, et détrempé de même à l'essence avec un peu de siccatif; le noir de fumée qu'on y mêle donne la teinte grisâtre.

Recommandation pour le pinceau court.

Aujourd'hui que les voitures sont légères et les trains attenant aux caisses, il faut, pour éviter les éclaboussures aux caisses, quand on peint les trains, et aux trains quand on peint les caisses (éclaboussures inévitables en se servant de brosses ou blaireaux), employer de préférence un pinceau court désigné sous le nom de pinceau à trois plumes. Ce dernier a l'avantage de conserver la couleur dans son intérieur, ce qui fait qu'elle ne rejaillit pas; il suffit, du reste, d'en faire usage quelquefois pour reconnaître son utilité, et surtout sa supériorité sur les brosses et blaireaux.

ART. 3.

Quand un train est poncé à l'essence et qu'il a reçu une couche, soit en gris, blanc ou rose, et que cette couche est sèche, il faut qu'il soit mastiqué avec du mastic à l'huile, de composition grise si le train est gris, rose si le train est rose, et blanc si le train est blanc. — (Voyez pour la composition du mastic à l'huile, page 40, article 2.)

Le train, étant mastiqué, doit recevoir une seconde couche, selon celle appliquée sur le train, de même composition et nuance. Dans l'intérêt de la solidité, il faut y ajouter un peu plus d'huile de lin, cette deuxième couche ayant pour mission de former sur les bois et ferrures un fond solide qui éloigne l'humidité du bois et la rouille des ferrures, et soutenir les couches terreuses des teintes qui suivent. Ces apprêts ou couches terreuses privés de leur appui s'écailleraient indéfiniment.

CHAPITRE V.

DES MASTICS.

Note relative aux masticages et rebouchages d'un train.

ARTICLE PREMIER.

Le rebouchage ou masticage des trains et caisses étant bien exécuté favorise les travaux et fait honneur à l'ouvrier. Il faut, pour ce travail, se munir d'un couteau souple et taillé de manière à pouvoir atteindre les petits endroits comme les grands; l'ouvrier prendra ensuite le premier mastic à l'huile venu, mais, avant de l'employer, il devra s'assurer s'il est convenable. — Lorsque ce mastic est trop dur, on y ajoute un peu d'huile de lin pour l'amollir, et, lorsqu'il est trop tendre, on y ajoute du blanc d'Espagne en poudre qu'on mélange et frappe jusqu'à ce que le mastic arrive à son point de perfection.

Le mastic à employer ne doit renfermer aucune saleté ni grumeaux, car, étant sale et greneux, le couteau, en passant dessus pour l'unir, arrache ces corps étrangers, ce qui occasionne une perte de temps et un travail désagréable. Étant employé trop dur, le mastic bouche difficilement les défauts; étant trop mou, il bouche encore plus mal.

L'ouvrier doit être muni, en outre, de papier de verre un peu usé et d'un blaireau à épousseter; avec le papier, il effleure les aspérités de la teinte grise, rose ou blanche, appliquée sur les parties à mastiquer, ainsi que la crasse de la buée qui se forme sur les peintures et qui empêche la liaison des couches; avec le blaireau, il époussette le train avant de reboucher, pour éviter d'enfermer la poussière qui se trouve sur la peinture et qui empêche, comme la crasse de la buée, que les couches à appliquer se lient ensemble.

Il faut éviter de mettre du mastic dans les endroits susceptibles de le faire détacher en roulant ou au moindre choc, et ne faire ni épaisseurs ni ondulations. — Visiter avec attention tous les petits endroits, et faire tomber tout ce qui pourrait nuire à la propreté et à la solidité, telles que les bavures de couleurs mal poncées, faces de ressorts, etc., etc.

Art. 2.

COMPOSITION DU MASTIC A L'HUILE.

Le mastic à l'huile se compose avec du blanc d'Espagne ou de Meudon, que l'on réduit en poudre. — Plus il est sec, plus il est convenable.

Étant réduit en poudre, on fait un trou au milieu du tas dans lequel on verse de l'huile de lin pure en la mêlant avec le blanc pour produire un pâté bien serré ; dans cet état, on le bat avec une batte en bois (outil spécial destiné à cet usage), ce qui fait que le blanc se lie étroitement à l'huile. Le battage mollissant la pâte, il faut y ajouter du blanc d'Espagne en poudre, jusqu'à ce qu'il soit arrivé à son point de perfection.

La qualité du mastic, ainsi qu'on le voit, tient donc à ce que le blanc d'Espagne soit bien sec pour former corps solide, de la qualité de l'huile de lin pour la siccité, et du battage pour le parfait de la liaison.

On peut le faire gris, rose ou jaune, en y mêlant du noir de fumée pour la première nuance, du vermillon pour la seconde, et du jaune pour la troisième.

COMPOSITION DU MASTIC AU VERNIS.

Ce mastic se compose, comme celui à l'huile, avec du blanc de céruse en poudre ; seulement, il faut y mêler un peu d'ocre jaune non lavée (ce qui facilite le ponçage) et du vernis à la gomme dure (ce qui forme corps solide). — Ces diverses matières et liquides doivent être un peu broyés sur la pierre. — La qualité essentielle de ce mastic est la ténacité sur les parties où on l'applique, qualité qui ne s'obtient qu'en employant dans sa composition les matières désignées dans cet article.

Notes relatives aux différents mastics.

Que l'on prenne pour composer du mastic au vernis du blanc de céruse dit blanc de plomb, il sera nerveux, séchera parfaitement, même sous la main en l'employant, et ne détrempera pas ; la teinte qui sera appliquée après le masticage restera fixe. — Mais qu'on se serve, au contraire, de blanc de céruse de qualité inférieure, le mastic fera fromage, s'unira comme du mastic au blanc d'Espagne, se détrempera sous l'outil en donnant la couche après son ponçage, ce qui fera changer la nuance de la teinte appliquée.

Que l'on se serve pour la composition de ce mastic de vernis fabriqué à la gomme dure, il aura toutes les qualités ci-dessus de celui composé avec du blanc de plomb. — Mais qu'on se serve du vernis à la gomme tendre, il aura les défauts du mastic composé avec du blanc de qualité inférieure.

Que l'on se serve d'huile de lin pure pour la composition du mastic à l'huile, ce dernier séchera parfaitement et ne détrempera pas; la teinte appliquée dessus restera fixe. — Mais que l'on prenne de l'huile impure, le mastic ne durcira pas, et, lors de l'application de la couche de teinte, il absorbera les liquides et fera changer les nuances.

ÉPREUVE.

Donnez une couche de vert clair sur une partie mastiquée avec du mastic composé avec de l'huile de lin falsifiée, la nuance sera changée cinq minutes après et les liquides seront absorbés. C'est l'effet de l'impureté de l'huile de lin falsifiée et du blanc humide.

Il y a encore un mastic d'une composition différente pour les travaux pressés. En voici la recette : Prendre du blanc de céruse pur réduit en poudre, y ajouter une pincée de noir de fumée pour le rendre gris, du rouge pour qu'il soit rose, etc., etc., et, au lieu de se servir de vernis comme pour celui qui précède, prendre de la colle d'or (siccatif anglais). Il suffit de bien lier ces matières ensemble, sans pour cela les broyer. Ce mastic ne doit être composé qu'au fur et à mesure des besoins, attendu qu'il sèche extrêmement vite, même sous la main qui l'emploie.

Dix minutes après son application, il peut parfaitement supporter le ponçage, qui, toutefois, doit se faire légèrement.

On peut aussi quelquefois l'unir en se servant d'un chiffon et de la ponce en poudre. C'est à l'usage qu'on reconnait la qualité et l'utilité de ce mastic.

ART. 3.

MASTICAGE DES CAISSES SUR LA COUCHE DE GRIS, avec du mastic au vernis.

Quand une caisse a reçu sa première couche de gris, et que cette couche est sèche, il faut en mastiquer les trous de clous et défauts de bois avec du mastic au vernis.

Le talent de l'ouvrier qui exécute ce travail consiste à ne mettre que ce qu'il faut de mastic et à bien l'aplatir en l'appliquant, afin d'éviter d'emplâtrer. Pour obtenir un bon résultat, il faut se servir, pour la pose des mastics, d'un couteau souple et pas trop fort, de manière qu'en bouchant un petit trou, on n'en mette pas trop; il faut se rendre compte de l'épaisseur que doivent produire les couches de teintes une fois appliquées pour exécuter la peinture, l'effet que doivent produire les polissages, de manière qu'en mastiquant sur la première couche de gris, il ne soit plus nécessaire de reboucher une foule de petits trous et raies. Comme aussi faire attention que des trous grands et profonds ont toujours besoin d'être rebouchés à deux fois, pour qu'ils puissent bien sécher ; c'est pourquoi il devient inutile de chercher à les boucher la première fois, ces mastics formant de suite une forte épaisseur, et, ne pouvant durcir, s'arrachent quand on les ponce. Ce serait donc une perte de temps, attendu qu'il faudrait en remettre une seconde fois. Il est donc prudent d'étudier la grandeur et la profondeur d'un trou à boucher pour calculer la quantité de mastic à y mettre.

Une fois l'extérieur d'une caisse mastiquée au mastic au vernis, il faut commencer à mastiquer les feuillures au mastic à l'huile, de sorte que ces derniers mastics se durcissent pendant le temps que sèchent ceux au vernis et l'exécution de leur ponçage.

Quand l'ouvrier cesse de se servir du mastic au vernis, il faut qu'il ait la précaution de le déposer dans l'eau de pompe ou pluviale, ou bien encore de le couvrir d'un linge humide si le mastic est dans un vase, autrement il sécherait et ne pourrait plus servir à d'autres travaux.

Art. 4.

PONÇAGE DES MASTICS.

Le ponçage de mastics à une caisse est une main-d'œuvre qui exige beaucoup de soins, car des mastics mal poncés font ou bosses ou trous. L'ouvrier chargé de ce travail doit donc se servir pour poncer ces mastics de pierres choisies, tendres pour les mastics durs, et dures pour les mastics tendres, chose facile à comprendre, qu'en faisant le contraire, il arracherait les uns et ne pourrait unir les autres qu'à force de temps, ce qui devient onéreux par la perte de temps et même nuisible à la solidité.

Ce qu'il faut observer encore à un panneau chargé de mastics, c'est de ne pas poncer ces mastics un à un, mais bien frotter sur plusieurs à la fois, par économie et dans l'intérêt de l'aplomb, autrement ces parties onduleraient.

Pour s'assurer si un mastic est assez poncé, il suffit de passer le doigt dessus, et, s'il ne produit aucune épaisseur, il est à son point ; autrement, il faut y repasser la pierre ponce.

Le devoir d'un ponceur de mastics est de visiter les istelles d'une caisse, les petits endroits qui auraient pu être oubliés de poncer ou qui ne le seraient pas assez, afin qu'ils soient mis en état parfait de netteté quand cet ouvrage se trouve achevé.

Pour poncer des mastics, on se sert de pierres de ponce de différentes natures, d'une éponge, d'une peau de chamois et d'une tuile ; avec les premières on ponce ; avec la seconde, on maintient l'eau ; avec la troisième, on essuie le panneau une fois lavé, et enfin, avec la quatrième, on taille les pierres de ponce selon les exigences, et l'on dégraisse ces mêmes pierres de la crasse qui s'y colle.

CHAPITRE VI.

COUCHES DE TEINTES.

PRÉPARATION D'UNE CAISSE POUR RECEVOIR LA PREMIÈRE COUCHE DE TEINTE.

Quand les mastics à une caisse sont poncés, l'ouvrier doit se munir de papier de verre un peu usé ou du papier fin qui ne peut rayer la partie sur laquelle on le passe. C'est avec ce papier qu'il faut frotter l'extérieur de la caisse pour égrainer les aspérités de la couche de gris produites par le ponçage. Il n'est pas nécessaire de passer sur les mastics poncés, car cela pourrait les rayer.

L'ouvrier chargé de ce travail doit rendre la caisse dans un état de parfaite propreté ; pour cela, il doit visiter avec soin tous les petits endroits, adoucir une partie de bois qui repousserait, reponcer un mastic qui ne le serait pas assez.

ARTICLE PREMIER.

PREMIERE COUCHE DE TEINTE.

Quand une caisse de voiture est préparée de la manière indiquée ci-dessus, on lui applique une couche de noir (dit noir de fumée léger), très proprement, en évitant les épaisseurs et coulures. Cette couche préalable prépare la caisse à recevoir les fonds noir d'ivoire, bruns, bleu foncé, marron, vert foncé, et généralement toutes les teintes sombres ; mais si la couleur ou teinte demandée est jaune, il faut que les panneaux à recouvrir de cette couleur soient mis en blanc ; si c'est rouge, il faut une couche rose ; mais si c'est vert clair ou bleu clair, la couche à appliquer doit être grise. Cela n'empêche pas de mettre en noir les panneaux et parties de la caisse, qui toujours se peignent en noir, tels que coffres, caves et corps de moulures.

Quand la couche de blanc, rose, noire ou grise est séchée, on fait à la caisse une révision de mastics au vernis, en observant bien la recommandation déjà faite pour les premiers ; ces petits mastics, une fois secs et durs, sont poncés légèrement. Cette opération terminée, on applique sur ces places un peu de noir de fumée propre, pour éviter de redonner une couche à toute la caisse. Si le noir appliqué est brillant, il faut avoir soin de le ternir en passant dessus un chiffon de drap chargé de ponce broyée à l'eau ; sa surface devenue aride favorise la liaison des couches à suivre. Cette opération du chiffon chargé de ponce doit toujours s'exécuter avant le ponçage des mastics pour éviter de les rayer ; on peut néanmoins le faire après, mais en y apportant beaucoup d'attention.

Une caisse ainsi préparée se trouve mise en état de recevoir la première couche de teinte. (Les teintes foncées, bien entendu.)

Mais à la caisse d'une voiture où la couleur ou teinte serait demandée jaune, bleu ou vert clair, et où les panneaux seraient déjà en blanc, rose ou gris, et que les mastics auraient été appliqués et poncés, il ne faut pas mettre de noir sur ces places de mastics, mais bien de la couleur blanche, rose ou grise, selon celle déjà appliquée. Cette caisse ainsi disposée est également prête à recevoir les couches de couleurs claires.

OBSERVATION D'ÉCONOMIE.

Pour exécuter des travaux en peinture avec promptitude et d'une manière économique, voici le procédé : Aussitôt les premiers mastics poncés à une caisse, il faut exécuter de suite la revue des mastics sur ceux déjà poncés, sans avoir besoin pour cela d'appliquer de couche grise ou blanche. C'est un peu plus difficile, mais avec de l'attention on réussit parfaitement; de la manière qui vient d'être indiquée, on gagne l'application en main-d'œuvre et la couche en marchandises, et plus encore le temps qu'il faudrait attendre pour le séchage de la couleur appliquée.

ART. 2.

PRÉPARATION POUR UN FOND DE PREMIER ORDRE.

Pour établir un fond de premier ordre, il faut, après les premiers mastics poncés, appliquer sur les panneaux de la caisse deux couches de noir brillant, les laisser sécher et durcir; une fois dans cet état, on les dresse (c'est l'expression); ce dressage s'exécute avec un chiffon de drap qu'on surcharge de ponce broyée pas trop fine, et on frotte les panneaux jusqu'à ce qu'ils soient d'aplomb; il faut toujours prendre la précaution de mouiller en frottant pour éviter d'échauffer le noir, car il y aurait à craindre en ne mouillant pas, que le noir se colle au chiffon, raie et arrache au lieu d'unir.

La préparation et l'exécution ci-dessus produisent des fonds d'aplomb, comme une glace où les teintes à y appliquer ne seront pas absorbées. En suivant ces fonds ainsi préparés avec des couleurs finement broyées et bien appliquées, on aura, comme il a été dit plus haut, des fonds de premier ordre.

ART. 3.

BROYAGE DES COULEURS POUR LA PRÉPARATION DES TEINTES.

Le broyage des couleurs et matières employées pour la composition des teintes est la main-d'œuvre la plus économique quand elle est bien observée; les couleurs broyées finement donnent pour avantage de bien couvrir, de conserver à la couleur appliquée sa nuance fixe, de retirer aux matières graineuses et terreuses le pouvoir d'absorber les liquides avec lesquels on les détrempe et les surcharge pour achever la peinture. Les couleurs peu broyées conservent à leur surface leur corps terreux et produisent un effet opposé. Exemple : Deux voitures, dont la peinture est exécutée ensemble et avec les mêmes matières, les unes broyées finement et les autres broyées peu, donnent pour résultat que la peinture faite avec les couleurs bien broyées ne nuance aucunement, et le vernis qui y est appliqué reste brillant, et celle faite avec les couleurs broyées mal se nuance, et le vernis se ternit. Le lecteur comprendra aisément tout l'intérêt qu'il y a d'employer des matières finement broyées. Quant aux broyages à l'huile ou à l'essence, c'est une question qui sera traitée plus loin.

Art. 4.

PRÉPARATION DU NOIR DE FUMÉE POUR LES FONDS.

Le noir de fumée pour peinture de fond de voitures se prépare avec du noir de ce nom, dit noir léger, que l'on dépose dans un pot de terre ou de cuivre ; on l'infuse d'essence de manière à faire pate ; ainsi préparé, on le surcharge du même noir léger en y ajoutant toujours de l'essence, de manière à ce qu'il fasse toujours pâte ; cette surcharge de noir léger est pour qu'il couvre davantage les parties sur lesquelles on doit l'appliquer ; on le détrempe ensuite avec du vernis gras, en le remuant jusqu'à ce qu'il soit liquide et à son point de détrempe. On y ajoute un peu de siccatif, puis on le passe dans un tamis ou dans un morceau de gaze ; on l'essaie ensuite pour s'assurer si la préparation et la détrempe sont bien réglés. Si le noir devient terne une fois appliqué, on y ajoute du vernis ; s'il est trop brillant, on y ajoute du noir, mais il faut préparer ce nouveau noir dans un pot à part et le remuer de manière à éviter les grumeaux ; c'est ce qu'il ferait s'il était simplement ajouté dans le noir trop brillant, sans subir cette opération à part.

Pour que le noir de fumée soit facile à employer et produise bon effet, il faut qu'il soit préparé la veille de son emploi ; de cette manière, il dépose au fond du vase toutes les impuretés et saletés nuisibles à la propreté comme à la solidité des peintures. Ces corps étrangers sont faciles à éloigner en repassant le noir, le lendemain, dans un autre vase propre, et en laissant les impuretés au fond de celui de la veille.

Cette préparation du noir de fumée pour les fonds de

peinture, étant bien observée, on aura pour solution facilité d'emploi et propreté supérieure.

ART. 5.

PRÉPARATION DU NOIR D'IVOIRE DÉTREMPÉ AU JAPON, POUR L'EXÉCUTION DES PEINTURES NOIRES POUR CAISSES ET TRAINS.

Pour le préparer, prendre du noir d'ivoire broyé bien fin à l'essence, le déposer dans un vase, et détremper avec du japon pur (et rien que du japon) jusqu'au point de détrempe; le passer ensuite dans la gaze et l'employer. Le noir ainsi préparé est simple à faire, rend d'importants services comme économie et comme beauté de nuance. Voici, du reste, l'énumération de ses qualités :

Il couvre parfaitement d'une seule couche sur noir de fumée, laisse à sa surface un fond aride qui facilite les vernis qu'on y applique à se bien lier avec lui, ne les absorbant pas, et produit une jolie nuance noire, ce qu'on ne saurait obtenir des autres noirs de composition différente.

Voici pourquoi il possède toutes ces qualités étrangères aux autres noirs. Que l'on applique sur un panneau déjà peint en noir de fumée une couche de noir d'ivoire broyé à l'essence, détrempé au vernis gras et un peu de siccatif. Il séchera difficilement, la nature du noir étant grasse. (Noir d'os ou animal.) Prévoyant qu'il ne sèche pas, le siccatif ajouté pour en presser le séchage se change en effet contraire, sa substance principale étant de l'huile qui le graisse plutôt que de le faire sécher. Ce noir ainsi préparé, on l'applique sur le noir de fumée où il couvre, mais ne sèche pas à fond et reste spongieux. Le croyant séché, on le vernit d'une première couche ; il est facile de se rendre compte de l'effet produit. Ce noir n'étant pas sec et spongieux, aspire le vernis et l'absorbe, mais tellement vite, que l'ouvrier qui l'emploie ne peut le mettre d'une manière égale, ce qui fait qu'à de certaines places il y a deux couches, tandisqu'à d'autres il n'y en a qu'une, effet déplorable qui voile et verdit le noir d'ivoire. Jugez maintenant de l'effet que devront produire les deux autres couches de vernis qu'il faut lui appliquer pour terminer la peinture : ce noir sera vert.

Voyons ce même noir appliqué et séché ; mais que, pour le

vernir en première couche, l'on prenne, au lieu de vernis, du japon pur; il est certain que, de prime abord, l'effet en sera magnifique, ce japon se liera parfaitement avec le noir d'ivoire du dessous, produira à la surface une nuance noire superbe, mais néanmoins c'est une couche de plus, qui, bien qu'elle sèche, se durcit trop vite, puisqu'elle empêche le vernis de la pénétrer. Ce japon oblige à lui passer un coup de chiffon pour le forcer à prendre et recevoir le vernis, ce qui le fait onduler; le vernis ne pouvant le pénétrer reste à la surface, et quand les trois couches y sont appliquées les unes sur les autres, le japon est vert et non noir.

Résumé : Une couche en plus que le noir détrempé au japon; main-d'œuvre de son application ainsi que main-d'œuvre du passage de chiffon sans résultat ni avantage pour la beauté du noir, ni pour la célérité des travaux. Tandis que le noir d'ivoire, broyé à l'essence, détrempé avec du japon seulement qui couvre d'une seule couche, sur un fond préparé en noir de fumée, qui conserve à sa surface, une fois appliqué, un corps graineux que le noir d'ivoire produit par le fait du mélange avec le japon, ce qui fait qu'il ne refuse pas et excite le vernis à le pénétrer, et, par ce moyen, perd le ton bleuâtre si nuisible à la beauté du noir.

Le noir d'ivoire employé seul ne sèche pas, et le japon employé seul sèche trop; mélangez-les ensemble, et vous obtiendrez pour solution que le japon donne au noir d'ivoire ce qu'il a de trop, précisément ce que le noir d'ivoire n'a pas assez. — Tous les japons, il est vrai, ne produiront pas le même effet, mais ceux qui donnent de bons résultats existent toujours; mettez-y le prix, et la question est tranchée à fond.

Note d'économie.

Il a été dit, en tête de cet ouvrage, que l'auteur n'avait pas la prétention d'imposer telle ou telle autre manière d'exécution, mais ce dernier croit qu'il est de son devoir de prévenir ceux qui font de la peinture en équipages, de se tenir pour avertis qu'ils ont tort d'appliquer deux et trois couches de japon pur pour établir des fonds noirs, pour ensuite les surcharger avec des vernis français qui les voilent et détruisent leur belle nuance japon. (Effet et cause de la fabrication française pour les vernis.) Il ne désapprouve pas la quantité de couches de japon appliquées en suivant le principe anglais que voici :

Les peintres anglais n'ayant pas comme nous des vernis qui durcissent et se polissent peu après leur application, sont obligés de remplacer ces vernis par des couches de japon pour garnir et nourrir leurs panneaux, puis ensuite surcharger ces couches de japon avec leurs vernis élastiques et transparents qui ne voilent ni détruisent la beauté du noir ; pour sécher ces vernis toujours collants, qui ne pourraient se polir peu après leur application, ils les abandonnent au temps pour les sécher et les durcir. Pour eux, après les lustrés, voilà le principe.

Combien faut-il appliquer de couches de japon à un panneau déjà peint en noir de fumée, pour qu'il soit d'un beau noir et bien couvert ?

Une seule, pourvu qu'elle couvre assez ; la science est là ; pourquoi s'écarter de la vérité, puisque du noir d'ivoire broyé à l'essence, détrempé au japon pur, donne ce résultat : Beauté de noir à la surface, corps arides et spongieux favorables à la liaison des couches, détruisant le ton bleuâtre aux vernis pour laisser le ton noir recherché pour ces sortes de peinture.

ART. 6.

PRÉPARATION DU NOIR D'IVOIRE POUR RECHAMPISSAGE ET RACCORDS.

Il faut pour cela prendre du noir d'ivoire broyé fin à l'essence, le détremper avec de la colle d'or, en régler la détrempe pour le faire devenir terne cinq minutes après l'application, sans pour cela qu'il s'enlève en le frottant, ce qui s'appelle fariner. Pour qu'il soit convenable, il faut qu'il laisse à douter, s'il ne serait pas susceptible de briller si l'on y ajoutait de la colle d'or. Employant ce noir ainsi préparé, on peut exécuter le rechampissage de trains et caisses, ainsi que les raccords, sans crainte de le détremper en vernissant.

Ce noir après quatre heures d'application est entièrement séché.

Pour préparer ce même noir, on peut aussi se servir de vernis français siccatif au lieu de colle d'or, en suivant les observations faites pour cette dernière ; le noir ainsi détrempé réussit à l'emploi et au séchage, mais n'a pas la solidité ou la ténacité de celui qui précède.

On peut encore, pour le préparer, se servir de siccatif Aubert (rue Cadet, n° 6), ou de même fabrication. Il faut avoir le soin de le tenir plus brillant que détrempé à la colle d'or. Le siccatif en question, dont la composition est de l'huile fortement cuite, donne pour résultat ce que j'ai dit à l'article noir d'ivoire préparé pour les fonds, où le siccatif en retardait le séchage ; c'est pourquoi ce dernier noir préparé avec ce siccatif exige, pour son entière siccité, huit et quelquefois dix heures d'application, mais il a l'avantage sur les autres noirs de détrempes différentes de faciliter la main-d'œuvre pour les réchampissages.

Le noir d'ivoire broyé à l'essence, détrempé au japon pur, peut également servir avec avantage pour les rechampissages ; il suffit d'en régler, selon les exigences, la détrempe pour cet usage.

ART. 7.

PRÉPARATION DU BLANC DE CÉRUSE POUR IMPRIMER ET DÉGUISER LES CAISSES ET TRAINS DE VOITURES.

Pour préparer du blanc de céruse pour les impressions et couches de gris à appliquer aux caisses et trains, avant et après le ponçage, il faut suivre le procédé déjà indiqué ; seulement, celui qu'on emploie pour déguiser diffère de l'autre par la finesse du blanc. Le blanc de céruse à employer est le même. — On le broie à l'huile de lin pure, on le détrempe à l'essence en y ajoutant un peu de siccatif, et ensuite on règle la détrempe et on le passe au tamis. Pour qu'il soit gris, on y met du noir, du rouge pour qu'il soit rose, et du jaune pour qu'il soit jaune. Ainsi préparé, il est prêt à employer.

CHAPITRE VII.

OBSERVATIONS SUR LES MATIÈRES A EMPLOYER POUR COMPOSER LES TEINTES.

1° BLEU MINÉRAL.

Ce bleu, quoiqu'en apparence peu agréable, obtient, quand il est broyé à l'essence, l'avantage sur les autres, qu'en le mélangeant avec d'autres matières, les nuances qui en sont produites restent fixes pendant et après l'application, avantage à rechercher pour les fonds à glacer de bleu d'outre mer, ce qu'avec les bleus de Prusse cuivré on ne peut espérer ; cette supériorité, que l'auteur reconnaît personnellement pour les mélanges, est encore comme pour le noir d'ivoire mélangée avec le japon.

Il faut toujours rechercher les effets et les causes de ces effets produits par les matières et liquides employés pour l'exécution de la peinture d'équipages. A une époque antérieure, c'est-à-dire il y a une trentaine d'années, les verts fixes et les bleus facticés d'outre mer n'étaient pas connus, les jaunes de chrôme n'avaient pas atteint le degré de perfection qu'ils ont aujourd'hui ; il fallait donc beaucoup étudier ou souffrir.

A cette époque, pour composer les peintures vertes, on se servait d'orpins et de bleu de Prusse, ou encore de ce dernier et du jaune de chrôme, mélangés ensemble ; les teintes bleues, telles que bleu de roi, bleu de ciel et bleu d'azur, s'exécutaient avec du bleu de Prusse mélangé avec du blanc de plomb et autres, pour les dessous, comme pour les glacis; seulement ces glacis s'appliquaient avec la liqueur du bleu que l'on obtenait en laissant reposer la teinte, et c'était la partie supérieure du bleu qui servait pour glacis, ce qui occasionnait des teintes variables et des ondulations inévitables, même à l'ouvrier exercé. La surface de ces peintures subissait alors l'influence du temps, et surtout des matières mélangées entre elles. — Ainsi, en les livrant, elles étaient de la nuance demandée, et peu après l'ouvrier avait le désagrément de les voir se changer.

Voyez une teinte qui nuance beaucoup et qui, quelques jours après, ne nuance presque plus ; pour obtenir ce résultat de fixité de nuances produites par le mélange des matières, il faut observer avant tout l'action nuisible que chacune des matières se fait éprouver aussitôt mélangées, et surtout se rappeler que la plus forte des deux ou trois matières, n'importe laquelle, détruira toujours la ou les plus faibles. — Il faut donc analyser les matières avant de les mélanger, pour qu'elles soient de même force et de même qualité ; — autrement, vous ne pouvez prétendre à rien de bon.

(*Nota.*) L'auteur prévient ceux qui voudraient exécuter de la peinture bleue en toute sécurité et célérité, qu'ils aient à se mettre en garde contre l'effet contraire que leur ferait éprouver de certains bleus encore chargés d'acides et d'humidité, acides qui leur sont nécessaires pour la fabrication, mais que les lavages ainsi que les séchages auraient dû leur détruire avant de les livrer au commerce. Voilà ce qui explique pourquoi les bleus, contenant encore trop d'acides et d'humidité, font qu'aussitôt alliés avec n'importe quels matières et liquides, ces dernières ne sèchent plus et produisent un effet contraire à celui attendu.

Preuve : Détrempez de ces bleus avec du blanc de céruse broyé à l'essence, donnez une couche à un panneau de voiture, il ne séchera pas ; peu importe qu'il soit terne ou brillant.

Dans cette même teinte, ajoutez un peu de siccatif et appliquez une couche à un panneau ; cette couche séchera encore moins que celle où vous n'aurez pas ajouté de siccatif.

Dans cette même teinte, ajoutez beaucoup de n'importe quel siccatif et appliquez une couche à un panneau ; cette troisième teinte séchera encore moins que les précédentes, à un tel point qu'il serait impossible d'en suivre la donnée d'autres couches, sans détremper ou entraîner celle déjà appliquée depuis plusieurs jours. C'est l'effet, dont il a été parlé plus haut, de l'acidité et de l'humidité encore contenues dans ces bleus qui détruisent l'action siccative des siccatifs qui, étant une fois détruite, reprend sa nature première qui est l'huile de lin. Il faut donc toujours éviter de faire usage de ces sortes de bleus, avant qu'ils soient entièrement séchés.

2° BLEU DE PRUSSE CUIVRE.

Cette couleur est généralement peu employée pour la peinture en équipages. Les verts fixes, les bleus d'outre mer factices, que la science chimique a fait découvrir, l'ont déplacée pour ce genre d'industrie. Tout en reconnaissant à ce bleu ses qualités bien acquises pour d'autres emplois, il faut remercier la science de nous en avoir dégagés et dotés de verts fixes.

3° BLEU D'OUTRE MER FACTICE (GUIMET).

Ce bleu, qui est à son apogée pour la perfection, n'a besoin, pour être préféré aux autres bleus, que d'être employé ; il faut nécessairement, pour obtenir une qualité supérieure, y mettre le prix. — Ce bleu, pour qu'il soit appliqué sur les peintures et y produire le reflet de l'émail, n'a besoin que d'être infusé d'essence et détrempé ensuite avec du vernis gras ; il évite la main-d'œuvre du broyage et sèche bien.

Il ne suit pas de là que les autres bleus factices sont mauvais; seulement, pour les employer avec avantage, il faut qu'ils soient broyés.

En outre, dans ces sortes de bleus, il en existe qui ont le défaut de se graisser sous la molette en les broyant et qui, quoique détrempés avec peu ou beaucoup de vernis, restent toujours gras et brillants, à tel point qu'il devient nécessaire, pour pouvoir les employer, de les arroser d'essence à tout moment, ce qui évidemment les détruit. L'odeur que ces bleus répandent dans l'atmosphère est insupportable. — Il faut éviter d'en faire usage pour exécuter les glacis des fonds bleus; la surface bleu d'émail qu'ils produisent au moment de leur application devient verdâtre peu après.

En général, pour toutes sortes de bleus à employer pour peinture d'équipages, on ne saurait trop recommander d'en faire un essai avant leur emploi. Les fabricants ne peuvent aucunement garantir la réussite complète de fabrication.

4° VERTS FIXES ANGLAIS ET FRANÇAIS.

Ces matières étant fixes, livrées au commerce, il y a peu à dire sur la qualité qui dépend de la réussite de la fabrication. Il faut donc toujours, pour se rendre compte des effets, essayer avant d'employer.

Depuis l'apparition des verts fixes pour la peinture de voitures, la composition et l'application des teintes vertes demandées ne sont plus difficiles aujourd'hui ; il suffit donc de choisir, dans ces matières fabriquées, la nuance que l'on désire, la broyer et ensuite l'appliquer pour qu'elle soit parfaite.

Ces matières, mélangées avec d'autres, descendent une échelle de nuances toujours fixes. — Il en sera parlé plus loin.

Les verts fixes, de fabrication française, existent aux mêmes numéros de nuances que les verts fixes anglais par leur imitation, mais non comme qualité, car ils leur sont de beaucoup inférieurs.

5° JAUNE DE CHROME ANGLAIS ET FRANÇAIS.

Les jaunes de chrôme, français et anglais, sont égaux, à peu près, de numéros et de nuances, mais ceux anglais ont encore la supériorité comme qualité ; les jaunes spooner et miloré sont à rechercher pour les mélanges, tels que blanc et jaune, jaune et ocre, afin de produire les nuances jaune-paille, citron, soufre, café au lait, jonc et chamois, attendu qu'aujourd'hui les verts fixes dispensent de se servir de ces jaunes pour composer les verts de toutes nuances.

Le jaune de chrôme français, qui a le plus gagné en qualité, est le jaune-orange rouge-foncé, auxiliaire favorable pour obtenir des nuances vives et chaleureuses, par le mélange avec noir d'ivoire, brun Wandick ou japon.

Ces jaunes ci-dessus, mélangés ensemble par parties variables, descendent une échelle de nuances fixes, comme également mélangés avec toute espèce de blanc ; de cette manière, il n'est pas de rigueur de faire emploi pour peinture en voiture, d'une quantité d'autres jaunes, produits d'expériences chimiques, qui, livrés au commerce, ne donnent aucun avantage sur ceux ci-dessus, attendu qu'ils leur sont inférieurs en toute chose.

6° VERMILLONS DE TOUTES SORTES.

Les vermillons supérieurs en qualité et numéros de nuances sont ceux de Chine et d'Angleterre; viennent ensuite ceux de Hollande, d'Allemagne et de France.

Celui de Chine a peu de numéros de nuances livrés au commerce par l'importation, et il est à supposer que les inférieurs en qualité se consomment dans l'intérieur de la Chine.

Les vermillons anglais sont importés en France ; de plusieurs nuances et tons, la qualité est presque toujours la même (toujours bonne); ceux d'Allemagne, de Hollande et de France comportent beaucoup plus de numéros et nuances, comme aussi de qualités. Pour conclure avec ces sortes de matières, il faut, comme pour toutes choses, pour obtenir une qualité supérieure, y mettre le prix. En résumé, les vermillons de Chine et d'Angleterre l'emportent en qualité sur tous les autres.

Pour l'exécution d'une peinture en vermillon, il faut s'y prendre de la manière suivante : Pour premières couches à appliquer, employer les vermillons français ou allemands, et pour les recouvrir, ceux de Chine ou d'Angleterre.

7° BRUN-WANDICK.

Il existe du brun Wandick de plusieurs qualités et nuances ; cette matière exige, pour la fixité et le séchage des autres matières qui lui sont alliées, qu'elle soit bien séchée avant l'emploi. Quand elle contient de l'humidité, son broyage est difficile, et les teintes qu'elle produit nuancent et ne sèchent pas; quand elle a ce défaut, il suffit de l'étendre sur une plaque de ferblanc ou de tôle que l'on maintient au-dessus d'un feu doux; cette chaleur qu'elle reçoit fait évaporer son humidité; il faut aussi éviter de trop la chauffer; autrement, la nuance change et la matière se calcine.

8° TERRE D'OMBRE NATURELLE ET BRULÉE OU CALCINÉE.

Ces deux matières sont de même nature ; seulement, l'une a subi l'opération de la calcination (action du feu) et est plus chaleureuse que la première.

Les nuances de ces deux matières peuvent s'obtenir, sans leur concours, par le mélange d'autres matières telles que brun Wandick, noir d'ivoire avec une pointe de jaune-rouge ou du japon ; ces teintes sont sujettes à varier par le plus ou le moins de matières qu'on emploie à leur fabrication.

9° OCRES JAUNES LAVÉES ET NON LAVÉES.

Ces matières sont employées pour la composition des apprêts ou couches qui sont appliqués sur les panneaux de voitures, pour former fondation. Ces matières décident de la solidité pour la peinture. Celles qui sont à rechercher pour apprêts doivent avoir une nuance jaune franche, un corps gras et terreux. Il en existe de plusieurs nuances et qualités; celles qui subissent plusieurs fois l'opération du lavage sont à redouter pour la solidité des apprêts, ayant perdu leur corps naturel solide, et ne peuvent être employées que pour les mélanges, où leurs mauvais effets peuvent être paralysés par un effet plus fort. Voyez bleu minéral.

10° NOIRS D'IVOIRE POUR ÉQUIPAGES.

On ne saurait trop engager les peintres qui exécutent et ceux qui voudraient exécuter de la peinture noire, et qui accepteraient pour principe le noir d'ivoire broyé à l'essence, détrempé au japon pur, à se servir de celui en pain ou pierre, car il est plus exempt de trafic que celui en poudre. Il y en a de deux numéros : le supérieur des deux offre sa cassure plus brillante que l'inférieur ; ces deux qualités de noirs suffisent pour remplir le but convenable. Il en existe encore de plusieurs qualités supérieures, qui, pour l'économie, sont onéreux, sans produire meilleur effet, comme aussi il y en a d'autres inférieurs en prix de revient comme en qualité, le noir animal, par exemple, dont l'emploi est si désagréable.

11° NOIRS DE FUMÉE.

Pour obtenir toujours le même résultat : beauté, propreté, solidité, et pour éviter des désagréments, il faut, pour la préparation des noirs de dessous pour les fonds, employer celui appelé noir léger. Il sèche parfaitement et ne graisse pas; sa finesse au toucher est soyeuse. Il en existe beaucoup de sortes et qualités qui sont graineux et sableux, se graissent à tel point qu'ils ne sèchent plus, et absorbent de fortes quantités d'essence pour leur infusion. Le noir léger, au contraire, se trouve lavé et dégagé de toutes ses impuretés et absorbe peu d'essence; quoique plus cher comme achat, au total, il est beaucoup plus productif.

12° LAQUES.

Ces matières, plus que toutes les autres, exigent l'essai avant l'emploi; les ouvriers les plus habiles s'y trouvent attrapés. La fabrication a tellement l'art de cacher les défauts de ces matières, par des dehors trompeurs, que l'œil le plus expérimenté s'y trompe.

La laque à demander pour la peinture d'équipages s'appelle laque carminée, en petits grains, laque produite de la cochenille et de la garance. Sa qualité suit le prix d'achat. Il faut laisser de côté ces sortes de laques qui rendent le travail insupportable, celles qui font colle ou gelée sous la molette quand on les broie, et au fond du vase où elles sont déposées pour leur emploi; celles enfin qui ne valent rien pour la peinture d'équipages et qui changent de nuances après leur application, telles que laques plates ou laques de bois.

La laque anglaise mérite, à juste titre, d'être recommandée : c'est la seule en effet qui ait le privilége d'éviter aux surfaces des peintures les moirages et ondulations. On exécute avec elle toutes les imitations de soies claires ou foncées, avec vérité et sécurité, et elle facilite tellement la main-d'œuvre des glaçages, que l'ouvrier chargé de l'exécution éprouve du plaisir à l'employer. Toutes les nuances produites par cette laque restent fixes et solides.

13° CARMIN.

Le carmin a toutes les qualités de la laque anglaise, excepté qu'il n'est pas fixe; il noircit aussitôt appliqué. A part ce défaut, il est d'un emploi facile pour les glaçages et imitations de soies. Comme le carmin sèche difficilement, il faut éviter de le broyer à l'huile de lin, et, attendu son prix élevé, on peut sans crainte et sans regrets le remplacer par la laque anglaise.

14° ROUGE DE PRUSSE.

Cette matière s'emploie peu aujourd'hui pour la peinture

d'équipages, mais elle sert pour les mélanges de bruns. Sa qualité est en rapport avec son prix de revient

15° VERT-DE-GRIS.

Le seul vert-de-gris convenable pour l'exécution de la peinture d'équipages est le vert-de-gris cristallisé; il ne faut pas oublier que c'est le seul qu'il faille employer. Cette matière vitreuse, sensible à l'humidité, exige le broyage soigné à l'huile de lin pure. (Voyez l'explication à l'article peinture exécutée au vert-de-gris.)

Note.

Pour les autres matières et couleurs fabriquées pour l'usage de la peinture, il est inutile d'en parler, attendu que les nuances qu'elles produisent peuvent fort bien s'imiter en mélangeant telles ou telles matières ensemble par parties variables. Ainsi, la terre d'ombre, naturelle ou calcinée, peut s'imiter avec du brun Wandick, du noir d'ivoire, une pointe de jaune rouge et du japon. La terre de Sienne, naturelle ou brûlée, s'imite par le mélange ci-dessus de la terre d'ombre, en variant les matières ; la nuance terre de Cassel (couleur dure à sécher) s'imite avec du brun-Wandick, du noir d'ivoire et une pointe de bleu; les ocres de Rhue s'imitent avec de l'ocre jaune, du noir et du japon ; les orpins sont remplacés par les jaunes de chrôme de toutes nuances ; les bleus de Prusse cuivrés, mélangés avec du blanc de toutes sortes, pour les bleus barbeau, bleus de ciel et d'azur, sont remplacés par les bleus outre mer factices; les verts métis et ceux composés avec du bleu de Prusse et du jaune de chrôme sont remplacés par les verts fixes de toutes nuances; les laques inférieures qui ondulaient et nuançaient les couleurs glacées, sont remplacées par des laques carminées anglaises qui restent fixes.

Enfin, grâce aux progrès de la chimie, aujourd'hui la peinture pour voitures s'exécute avec facilité et sécurité, par la fixité donnée aux matières et couleurs.

CHAPITRE VIII.

LIQUIDES EMPLOYÉS POUR PEINTURE EN ÉQUIPAGES.

1° ESSENCE DE TÉRÉBENTHINE.

L'essence de térébenthine est le liquide en usage pour peinture d'équipages; elle s'emploie pour les broyages et les détrempes des matières; la qualité de ce liquide n'est recherchée que pour la fabrication des vernis à finir, ce qu'elle obtient par la rectification. Les autres essences de qualités différentes, à part quelques exceptions, pourraient remplacer la térébenthine; mais, attendu leurs prix élevés, on peut se dispenser de leur concours.

2° HUILE DE LIN.

Ce liquide exige beaucoup de pureté pour la solidité et la facilité du travail, comme aussi pour donner la siccité aux matières et liquides avec lesquels on l'emploie pour broyage et détrempe; il exige encore plus de pureté pour la fabrication des vernis, car il entre comme base fondamentale; la pureté obtenue de ce liquide rend, comme il a été déjà dit, le travail agréable sous tous les rapports et donne la solidité.

3° SICCATIF.

Ce liquide, dont la puissance est d'accélérer le séchage des matières et liquides employés dans la composition des teintes, sans pour cela nuire, soit à la fixité, soit à la solidité, a besoin d'être étudié et surtout employé avec modération, attendu que, n'étant ni étudié de fabrication, ni modéré dans son emploi, son action est contraire, et, au lieu de produire l'effet désiré, fait gercer la peinture.

4° VERNIS.

Vernis n° 8 pour détremper les teintes.

Ce liquide, appelé vernis à détremper les teintes, n'a pas besoin d'être incolore et épais, la qualité étant préférable à la beauté, et la liquidité naturelle, préférable à celle obtenue à force de le couper à l'essence, ce qui est nuisible et rend la détrempe maigre. — Pour obtenir la liquidité naturelle, ceci se raisonne au moment de la fabrication, en observant de le tenir liquide par l'essence, de manière que, laissé en repos un mois ou six semaines après être fabriqué, l'air en aura absorbé le trop d'essence, comme aussi, pendant ce temps, il se bonifiera, se décantera et déposera toutes les impuretés qu'il contient; les matières et liquides seront liés ensemble, ce qui le rendra souple et moelleux.

La nature colorée de ce vernis n'est pas à craindre pour les teintes foncées, puisque ces dernières la lui font perdre aussitôt détrempées. Ainsi, malgré sa transparence colorée, le vernis n° 3 peut et doit obtenir la qualité des vernis incolores, quand il est fabriqué en conscience, attendu que, dans les gommes dures employées pour corps solide dans ces liquides, il se trouve plusieurs choix, mais qui ont, à peu de chose près, la même qualité.

Pour détremper des teintes foncées, qu'on emploie du n° 3; pour détremper les couleurs claires, et pour charger les peintures de vernis pour l'opération du polissage, qu'on emploie du n° 2.

Et pour vernir en dernier ressort, qu'on emploie du vernis n° 1. On aura pour résultat le parfait de célérité et d'emploi et l'extra-parfait de solidité.

Vernis n° 2 à polir. (Ame d'une peinture. — Question importante.)

L'auteur a besoin d'étendre ses explications sur ce vernis n° 2, afin de prouver au lecteur l'importance de ce liquide pour la célérité et la solidité des peintures.

Quoique, en tête de cet ouvrage, il ait été dit qu'on ne traiterait pas la question de fabrication, il est important d'y toucher dans l'intérêt général et pour convaincre le lecteur. Ainsi, pour fabriquer ces liquides et les rendre beaux et bons, il n'est pas besoin de priviléges en dehors de la vérité, il faut seulement employer, pour les composer, de bonnes matières : l'intelligence de l'ouvrier fait le reste; il faut étudier sa préparation, les matières et liquides servant à sa fabrication, les doses et la cuisson, et enfin son emploi après qu'il est fabriqué.

Il faut que ce vernis garnisse le corps terreux des matières composant les teintes, premièrement pour les détremper, ensuite pour les surcharger, et il lui faut encore la force de supporter le frottement du drap, chargé de ponce, employé pour les mains-d'œuvre du polissage, comme encore de produire un fond dur et solide sur les peintures, afin d'éviter au vernis à finir, quand ils y sont appliqués en dernier ressort, les désagréments de s'y ternir après leur application.

Composition et fabrication de ce vernis.

Pour composer et fabriquer le vernis à polir, de manière à ce qu'il remplisse les conditions expliquées d'autre part, employez de l'huile de lin que vous aurez transvasée dans une chaudière, placez cette dernière sur un feu doux et bien réglé, alimenté avec du menu bois ; laissez-la dégraisser naturellement sans y introduire d'ingrédients nuisibles. — Pour obtenir un bon résultat, déposez dans cette huile, pendant la durée d'environ dix heures, des croûtes de pain sèches, et cette opération terminée, ce qui aura demandé douze heures de temps, l'huile aura acquis la qualité exigée.

Déposez dans un matras en cuivre placé sur un feu nu et ardent, alimenté par du charbon de bois de bonne qualité, de la gomme dure Calcutta que vous auriez d'avance concassée en petits morceaux pour en faciliter la fonte et la cuisson; la gomme, pour être bien cuite, doit découler goutte à goutte au bout de la spatule en fer dont il faut vous servir pour remuer les matières le temps que dure l'opération de la fabrication; étant comme il a été dit, laissez la toujours sur le feu et introduisez de l'huile de lin dégraissee et chauffée, dans la proportion d'une livre d'huile par livre de gomme ; laissez cuire le tout ensemble dix ou quinze minutes, suivant l'intensité du feu, en ayant soin de remuer le mélange de temps à autre.

Pour vous assurer s'il est irréprochable, servez-vous d'un morceau de verre sur lequel vous déposez du contenu du matras que vous sortez à l'aide de la spatule, et, si le mélange est trouble et louche, c'est qu'il n'est pas à son point. Laissez-le donc encore sur le feu pour qu'il devienne parfait ; il le faut vif et limpide sur le verre. Dans cet état, retirez le matras de dessus le feu et déposez-le à distance pour éviter un sinistre, en ayant soin que l'endroit où vous le déposez ne soit humide; pour éviter la congélation des matières chaudes, laissez le tout en repos dix ou quinze minutes, pour que la chaleur de la gomme et l'huile perde de son intensité, et ne fasse prendre feu à l'essence à introduire au bout de ces dix ou quinze minutes, dans les proportions de trois livres d'essence pour une livre de gomme, en ayant soin de la verser par petites quantités à la fois et lentement, en remuant toujours le contenu avec la spatule. Si le mélange montait, ce qui arrive souvent, à vous faire supposer qu'il va se répandre à l'extérieur, suspendez un moment l'introduction de l'essence, sans pour cela cesser d'agiter la surface qui doit, de cette manière, redescendre et vous laisser continuer l'introduction complète de l'essence.

S'il vous arrivait que les matières prissent feu sur l'essence au moment de l'introduction des matières, soyez sans crainte, et avec calme, prenez un tampon de toile avec lequel vous bouchez les parois du matras (terme d'atelier, embouchure), et le danger aura disparu. Ces recommandations bien observées, le vernis est fabriqué ; vous n'avez plus qu'à le transvaser dans une autre chaudière ou vase quelconque, en le versant sur un tamis. Cette opération achevée, pour obtenir bonification de ce vernis, laissez-le séjourner dans la chaudière jusqu'au lendemain, en ayant soin de le couvrir, sans toutefois le boucher hermétiquement. — Le lendemain, transvasez-le dans des bidons touries ou bouteilles qu'il faudra bien boucher ; laissez ce liquide en repos dans un endroit sec ou dans un atelier chauffé pendant un mois ou six semaines, et vous aurez un vernis avec lequel vous exécuterez de la peinture en toute sécurité.

Quand vous détremperez des teintes, leur emploi sera facile, elles sécheront sans le secours du siccatif ; le mastic au blanc de céruse composé avec ce vernis durcira au lieu de s'arracher ; les noirs de vos fonds ne seront pas voilés ; les teintes resteront franches, les polissages exécutés sur ce vernis seront doux, les petits endroits s'uniront aussi bien que les grands, la surface de ces polissages sera brillante comme une glace ; les vernis à finir, que vous appliquerez sur les fonds polis, resteront brillants longtemps après leur application, et jamais ne repousseront aux grains comme les vernis où la litharge joue un rôle.

Pourquoi tant de qualités ? Parce qu'il est étudié et raisonné avant, pendant et après sa fabrication.

Gomme dure Calcutta, qui est nerveuse et solide; huile de lin pure, dégraissée naturellement, sans ingrédients nuisibles; cuisson, calculée pour bien cuire la gomme et l'huile; cette supposée trop grande quantité d'essence alliée à la gomme et à l'huile au moment de la fabrication, qui est calculée pour que le vernis, quand il aura reposé un mois ou six semaines, temps suffisant pour absorber ce trop d'essence, de manière qu'au moment de l'emploi, il n'est pas nécessaire d'y ajouter d'essence froide, ce qui nuirait à la qualité du vernis : ce repos de six semaines, enfin, calculé pour que le vernis dépose au fond des bidons ou bouteilles les impuretés des matières liquides employées pour sa composition, telles que substances aqueuses de la gomme, voile et humidité grasse de l'essence, ce qu'elles produisent toutes deux dans l'intérieur du matras, l'une en cuisant, l'autre en l'introduisant froide sur l'huile et la gomme en ébullition, enfin pour se décanter et obtenir le siccatif naturel qui le rend souple et moelleux, ce qui donne pour résultat que les trois matières et liquides qui le composent ne forment qu'un corps solide. Tout est là.

Preuve à l'appui.

Employez ce vernis quatre ou cinq jours après sa fabrication, il voilera les teintes qui s'emploieront difficilement, ne séchera pas, fera colle ou glu sur les panneaux, ne pourra se polir et absorbera les vernis à finir une fois appliqués.

Employez ce même vernis qui aura reposé, comme il a été dit ci-dessus, tous les désagréments se changent, comme par enchantement, en effets contraires.

De grande qu'était la question, elle devient question ordinaire, ce qui toujours sera quand l'intelligence viendra au secours, pour n'importe quels obstacles dans la peinture.

Vernis à finir.

Ces sortes de vernis, étant employés pour donner le fini aux peintures et résister aux injures des temps, ainsi qu'aux lavages journaliers qu'ils ont à supporter, doivent être souples et moelleux, qualités qu'ils n'obtiennent que par la bonté des matières, la pureté des liquides et les soins apportés pour leur fabrication.

Beaucoup de marchands en vendent, mais peu de ces derniers les fabriquent parfaits et irréprochables; les vernis recommandables sont ceux des fabricants ci-après : MM. Feasse, Lecomte, Pommier aîné et Aubert.

ernis anglais, japon et colle d'or.

L'auteur a déjà parlé dans cet ouvrage de la supériorité des liquides de fabrication anglaise sur tous les autres; l'expérience et l'usage de cette marchandise pendant une période de vingt-cinq années lui ont fait observer que pour en obtenir un résultat favorable, comme réussite d'emploi et sécurité pour l'avenir d'une peinture, il suffit d'une chose: raisonner l'exécution du travail; en effet, établissez un fond de peinture en vous servant de bonnes marchandises pour vos impressions, de bonnes couleurs bien broyées, et détrempées avec du vernis fabriqué à la gomme dure, qui ait toutes les qualités de celui dont il vient d'être question plus haut, il est certain que le fond sera dur et poli, brillant comme une glace.

A cette peinture faites les petits raccords de rigueur, tels que vives-arêtes, moulures enlevées par le frottement du polissage et autres susceptibilités qu'éprouve l'exécution de ce genre de main-d'œuvre; passez ensuite sur ces raccords grands ou petits, un peu de vernis siccatif ou autre pour retirer la crudité de la couleur terreuse du noir ou de la teinte des raccords.

Vernissez cette peinture ainsi préparée le lendemain dans un atelier clos et propre; si la température est froide, allumez du feu, en attendant que la chaleur se répande dans l'atelier; passez sur cette peinture du blanc d'Espagne, appliqué sur un morceau de drap humide, pour enlever la crasse que les doigts de l'ouvrier auraient pu y laisser en peignant les raccords; lavez ensuite à l'éponge et à l'eau propre, passez la peau de chamois pour sécher l'humidité; époussetez proprement la caisse et le train avec un outil spécial et propre; donnez ensuite un coup de plumeau partout, et vernissez hardiment, en ayant soin de mettre du vernis en quantité pour qu'il puisse bondir; évitez de l'employer à sec. Cette peinture, exécutée par ce principe, vous donnera le résultat attendu: réussite d'emploi, sécurité d'avenir pour la peinture.

Maintenant, que l'on exécute un fond de peinture avec des matières impures, que l'on détrempe les teintes avec du vernis à la gomme tendre, ainsi que pour charger les teintes et recevoir les polissages; du vernis enfin fabriqué depuis peu de temps, qui ne peut se polir, ne durcissant pas, et dont le poli reste terne (défauts déjà traités); que l'on fasse les raccords et que l'on vernisse la voiture, sans les arrêter, de vernis siccatif; que ce vernissage se fasse dans un atelier peu fermé et sans feu, si la température est froide, n'observant pas le coup de chiffon chargé de blanc d'Espagne à passer sur les panneaux de la caisse avant l'application du vernis anglais; que cette opération se fasse avec hésitation, en mettant peu de vernis sur les panneaux. — On aura un résultat contraire à celui ci-dessus, réussite manquée et sécurité de peinture compromise.

Les effets et les causes sont faciles à expliquer comme à comprendre. Le vernis anglais, d'une pureté de composition hors ligne, ne pouvant rien supporter qui soit impur sous son application, tend toujours à s'éloigner des parties grasses ou arides, sur lesquelles on veut l'appliquer, et perd de ses qualités; par exemple: raccords et armoiries non arrêtés de vernis. Le vernis anglais, appliqué sur une peinture n'ayant pas été passée au blanc d'Espagne, pour enlever la buée que l'atmosphère produit, ainsi que la vapeur des ateliers, éprouve beaucoup de difficultés à traverser ce voile; c'est alors que, privé de chaleur, il se retire sur lui-même, ce qui produit un fond grippé qui sèche difficilement. Il ne peut en être différemment; ce vernis, si fluide et si élastique quand il reçoit la chaleur, doit évidemment se gripper, privé de cet élément, et surtout éprouvant deux obstacles à la fois, la buée et le froid. C'est alors que le vernisseur éprouve des craintes et hésite pour appliquer beaucoup de vernis. Ne pouvant le faire coller aux panneaux, ces derniers étant froids à la surface, l'ouvrier se résigne alors à en mettre peu, pour éviter les épaisseurs et les coulures, lisse et relisse le vernis, ce qui détruit le bondissant et le moelleux.

Le vernisseur quitte sa caisse qui est assez propre en apparence, mais le lendemain la retrouve toute sablée, grippée et peu séchée; voilà les effets et les causes.

Peu après la livraison de cette voiture, le vernis devient terne, et cela n'est pas étonnant, les fonds étant arides en raison des mauvaises marchandises mal fabriquées. Ces fonds arides attirent le vernis anglais, lui absorbe une partie de son liquide; l'autre partie restée à la surface, ne pouvant résister à l'air et à la fatigue, se ternit aussitôt. Voilà la cause. Tandis que le vernissage exécuté sur des fonds durcis, préparés, comme il a été dit d'autre part, où les matières et liquides sont raisonnés avant l'emploi, où les raccords sont arrêtés de vernis, avant le passage au blanc d'Espagne, que ce dernier est exécuté le lendemain de l'arrêtage de ces raccords, en attendant que l'atelier soit chauffé, et, une fois l'atelier à un degré assez élevé de chaleur, qu'on applique le vernis avec hardiesse et en abondance (ce qui se fait facilement, attendu que le vernis, recevant la chaleur, devient limpide et se colle aisément aux panneaux), donne pour résultat : beauté et solidité. C'est là que l'on voit le privilége du vernis anglais de former, à la surface des fonds, une pellicule, cause de la chaleur répandue dans l'atelier. Cette pellicule, formée à la surface du vernis, résiste à l'air comme au lavage journalier, et reste brillante à la surface des peintures, pendant longtemps; voilà le fruit de l'étude et de l'expérience.

Vernis anglais nos 1 et 2.

Ces vernis exigent les mêmes précautions pour la réussite d'emploi et de solidité. Le No 2 ne diffère du No 1 que parce qu'il durcit plus vite à la surface.

Pour le vernis à train, quoique de même qualité comme matière et fabrication, il n'exige pas autant de précautions; cela ne veut pas dire qu'il ne faut pas de soins en l'employant. Tous les vernis employés comme vernis gras, demandent, pour produire un bon effet, à être employés à la chaleur. S'il ne faut pas tant de précautions en employant le vernis à train, c'est parce qu'il a reçu sa cuisson plus fortement que les vernis Nos 1 et 2, et qu'il a perdu, par ce fait, le degré de pureté qu'ont ces derniers.

5° JAPON ANGLAIS.

Ce liquide, dont la composition est du bitume de Judée, corps friable, rendu souple par la cuisson et son incorporation avec l'huile de lin, ce qui produit un noir brun, ou vernis noir du Japon, employé seul sur un fond de peinture, se gerce; c'est pourquoi l'auteur recommande, quand on exécutera des noirs avec ce liquide, de toujours les surcharger de vernis, pour éviter le désagrément ci-dessus, à moins, toutefois, que ce soit pour des ferrures, telles que compas, lanternes et différents petits détails de cette importance. Faites usage de ce japon dans vos mélanges, il vous produira des nuances chaleureuses, effet du bitume de Judée employé pour sa composition, substance laqueuse et transportante.

Ce vernis noir a souvent le caprice de refuser, et quelquefois de gripper, ce à quoi il faut se soumettre, et pour l'en empêcher, c'est de se servir d'une éponge imbibée d'eau, de laver fortement la surface et de l'essuyer ensuite à la peau de chamois; pour l'empêcher de gripper, effet produit par le défaut de fabrication, on paralyse cet effet, en y ajoutant un dixième d'huile de lin, cuite ou crue; malgré cet alliage, il ne devient jamais parfait. On ne peut l'employer efficacement que pour les mélanges.

Les japons français, comme les autres matières et liquides, ne sont que des imitations anglaises plus ou moins réussies; l'emploi est le même, seulement il faut se mettre en garde contre l'effet de certains de ces japons où le fabricant fait entrer dans la composition du bleu de Prusse, pour obtenir une nuance plus noire et moins bitumée, ce à quoi il réussit. Mais quand ce japon est employé pour des mélanges de verts, bronze, feuille-morte et verts-olives, ces teintes, composées de la sorte, éprouvent l'influence du bleu de Prusse introduit dans le japon, ce qui les fait bleuir, au lieu de les rendre chaleureuses.

6° COLLE D'OR, SICCATIF ANGLAIS.

Ce liquide est préférable à tous les autres siccatifs pour la célérité et la sécurité des travaux pressés. Une peinture peut être exécutée sans désemparer avec cette marchandise, en ayant soin, pour la donnée des couches, que ce liquide domine; c'est, du reste, le seul siccatif que les vernis anglais puissent supporter, preuve irrécusable de sa pureté. Pour les teintes et couleurs les plus difficiles à sécher, il rend de grands services, puisqu'il les fait obéir (surtout pour les carmins).

7° MIXTION POUR DORURE.

Ce liquide s'emploie pour produire un mordant et recevoir la dorure; son usage exige de la ténacité pour le fond, ainsi qu'une surface moite, ou, en termes d'atelier, *amoureuse*; c'est pourquoi sa composition se fait avec de l'huile de lin dégraissée, presque naturellement, ou pour mieux dire, par elle même. Il suffit donc d'introduire du blanc de céruse, réduit en poudre, dans l'huile de lin à froid, sans pour cela que cette huile soit dégraissée. Quand le mélange est fait, on l'introduit dans une bouteille en verre le plus blanc possible, que l'on bouche et suspend le long du tuyau d'un poêle bien chauffé. On le laisse dans cet endroit le plus longtemps possible. Il est très facile de se rendre compte si la décantation a lieu; on voit, à travers la bouteille, l'huile, qui était blanche au moment du mélange, devenir nife et limpide quand elle est décantée ; c'est alors qu'il devient convenable à l'emploi. Il suffit, à ce moment, d'introduire dans celle à employer une pointe de jaune de chrôme broyé fin à l'huile ; de cette manière, la mixtion prend une nuance jaune qui facilite, d'une part, le travail du réchampisseur chargé de l'employer, et, de l'autre, favorise le dessous à soutenir la dorure. A défaut de cette mixtion, ceux qui ne voudraient pas la fabriquer eux-mêmes en trouveraient toute prête chez les marchands de couleurs ou chez les doreurs en cadre, mais pas de la même qualité.

8° ESSENCE D'AMÉRIQUE. (New-York.)

Cette essence est employée par les Anglais pour la fabrication de leur vernis; c'est de ce liquide que dépend l'odeur agréable que ces vernis exhalent dans l'atmosphère quand ils sont employés à la chaleur. Cette dernière excitant la fermentation de l'essence, et maintenue dans l'atelier avant, pendant et après l'application de ce vernis sur les peintures, produit cet effet si favorable à la surface de celui appliqué (pellicule), élastique et inaltérable (résultat de solidité).

Cette essence a seule la vertu, quand un accident arrive à un vernisseur et qu'il est obligé de laver un panneau verni et mal réussi, de remédier à l'accident, sans pour cela enlever tout le vernis appliqué, et après polir et vernir ce dernier. Il suffit, avec cette essence, d'en imbiber l'outil au vernis, de la passer ensuite sur les épaisseurs et bavures, de manière que ces dernières reprennent leur liquidité ou fluidité nécessaire, pour pouvoir obtenir que la surface du panneau réparé soit unie et les épaisseurs disparues, ce qu'elle produit. La surface du vernis réparé reste brillante, bondissante et non sablée.

Cette essence a, par sa pureté, le privilége sur les autres de pouvoir s'accorder avec les vernis anglais.

CHAPITRE IX.

COMPOSITION, PRÉPARATION ET MÉLANGE DES MATIÈRES

POUR PRODUIRE DES TEINTES DE TOUTES NUANCES, FONDS HISTORIÉS.

§ 1er. MANIÈRE DE PRÉPARER ET DE FAIRE UN ÉCHANTILLON.

Par le procédé qui va être expliqué, l'ouvrier jeune et intelligent peut acquérir en peu de temps la connaissance d'un travail de première nécessité, connaissance qui ne s'acquiert habituellement que par quelques années de pratique ; c'est la composition, la préparation et le mélange des matières pour produire des teintes de toutes nuances.

Voici comment :

Prendre un morceau de papier blanc, tracer sur ce papier, au moyen d'une règle et d'un crayon, des carrés réguliers ; cela fait, on prend un morceau de verre de la grandeur de ce papier que l'on pose sur ce dernier, de manière à voir les traits de crayon tracés ; passer avec un pinceau à filet et du noir de fumée sur le verre, dans la direction de ces traits de crayon ;—cette opération terminée, enlever le papier, et l'on aura tracé sur le verre un échantillon. Il ne reste plus qu'à appliquer dans chacun des petits carrés des teintes de toutes couleurs.

Le jeune ouvrier, livré à sa seule inspiration, après cette première épreuve, pourra travailler avec hardiesse ; le bon goût et son intelligence aidant feront le reste. Qu'il prenne du noir d'ivoire broyé à l'essence et le mélange ensuite avec du brun Wandick également broyé à l'essence, qu'il les détrempe tous deux avec un peu de vernis gras, il aura produit, par le fait de ces mélanges, une teinte brune qui aura la nuance, selon la quantité dominante du brun Wandick ou du noir d'ivoire. Qu'importe après tout la couleur produite, puisque c'est un essai ! Que cet ouvrier applique donc cette teinte sur un des petits carrés tracés sur le verre, qu'il se serve pour cette application d'un pinceau convenable, attendu qu'il y en a de toutes grosseurs et grandeurs à sa disposition. — Comme il lui reste de la teinte, qu'il y ajoute un peu plus de brun Wandick, elle deviendra bien plus claire, et qu'il l'applique dans un autre petit carré sur le verre, il aura déjà obtenu deux nuances différentes de brun, et ainsi de suite pour toutes les couleurs sans exception.

S'il veut obtenir des teintes claires, qu'il y ajoute des matières claires; si, au contraire, il désire des teintes foncées, qu'il y ajoute des matières foncées. S'il veut les varier et savoir quelles nuances elles doivent produire, que dans le reste des deux teintes déjà appliquées sur le verre, il ajoute un peu de jaune orange ou rouge, il aura produit par ce mélange une teinte de nuance tabac d'Espagne, qu'il pourra encore appliquer dans un des petits carrés tracés sur le verre. Enfin, qu'il ajoute, comme il est dit plus haut, de telle ou telle matière, il obtiendra toujours des nuances différentes, ce qui nécessairement excitera son intelligence à tel point qu'il voudra toujours mélanger des matières pour s'instruire.

L'ouvrier qui prépare et mélange des teintes, ainsi que des liquides, apprend vite les noms, qualités et utilités des marchandises. Les facultés, en s'exerçant de la sorte, se développent et le mettent à même de raisonner et d'approfondir les effets et les causes, qualité essentielle d'un bon ouvrier.

Il ne faut pas perdre de vue que la peinture sur verre s'exécute en commençant par où l'on finit la peinture sur bois, c'est-à-dire que si vous voulez obtenir brun ou rouge glacé de laque, réchampi blanc, il faut d'abord appliquer votre blanc de réchampissage sur le verre, ensuite appliquer vos glacis, toujours sur le verre. Après, appliquez votre fausse teinte brune ou vermillon sur le glacis; de cette manière, en regardant du côté où il n'y a pas de couleurs appliquées, vous voyez la peinture exécutée. Ceci est facile à comprendre.

§ II. COULEURS ET MÉLANGES.

Noms des teintes produites.

1o JAUNES ANGLAIS ET FRANÇAIS, DITS JAUNES DE CHROME, SPOONER ET MILORI.

Ces jaunes, comme ils sont livrés au commerce, forment une série de numéros et descendent une échelle de nuances depuis foncées jusqu'à claires : jaune rouge, orange, bouton d'or, serin, clair, minéral pur.

COMPOSITIONS.

Jaune paille, plusieurs nuances (couleur tendre solide).

S'obtient en mélangeant du jaune clair avec du blanc, pour la variété des nuances, selon le plus ou le moins de telle ou telle matière dominante.

Jaune soufre tendre. (Solide.)

S'obtient par le mélange du jaune de chrôme clair un peu verdâtre ; son changement de nuance varie comme il est dit pour le jaune-paille ; une petite parcelle de bleu ajoutée à ce mélange produit l'effet du soufre.

Jaune serin tendre. (Solide.)

Plusieurs nuances variées.

Il se trouve naturel pour varier les nuances ; on fait usage des mélanges comme il est dit plus haut pour jaune-paille et soufre.

Jaune bouton d'or pur. (Solide.)

Il s'emploie naturel. Il y en a de plusieurs qualités.

Jaune orange pur. (Solide.)

Il s'emploie naturel. Il y en a de plusieurs qualités.

Jaune rouge pur. (Solide.)

Il peut s'employer seul, mais son emploi est plutôt recherché pour les mélanges; il y en a de plusieurs qualités.

Jaune minéral pur. (Solide.) — *Imitation.* (Moins solide.)
Vrai et imitation.

Le jaune minéral vrai s'emploie peu maintenant; sa main-d'œuvre de broyage en est la cause. Son imitation, mais non sa solidité, s'obtient en mélangeant du jaune de chrôme clair avec du blanc et une parcelle de bleu.

2° BLANCS DE TOUTES SORTES. (SALISSANTS, MAIS SOLIDES.)

Blanc d'argent. (Peu solide.) *Blanc de plomb.* (Solide.)

Le blanc de zinc pour équipages ne vaut rien; il n'est pas assez nerveux, attendu que, pour soutenir la peinture sur les bois, la qualité est préférable à la beauté. — Le blanc d'ivoire se compose avec n'importe quel blanc où l'on ajoute une pointe de jaune de spooner.

3° OCRES DE PLUSIEURS NUANCES ET QUALITÉS. (SOLIDES.)

Ocres jaunes lavées et non lavées, ocres rouges lavées et non lavées; ocre de Rhue, imitable en mélangeant de l'ocre jaune avec une pointe de noir d'ivoire et un peu de bleu.

4° GRIS DE TOUTES NUANCES. (PEU SOLIDES.)

Le gris ardoise se compose en mélangeant du noir avec du blanc; gris perle avec du noir, du blanc et une pointe de bleu de Prusse ; les autres nuances s'obtiennent, comme il est dit plus haut, en mélangeant telle ou telle autre matière.

5° CHAMOIS. (TENDRE PEU SOLIDE.)

Se compose avec du blanc, de l'ocre jaune et une pointe

de vermillon. La variété s'obtient de la manière indiquée ci-dessus.

6° NANKIN. (TENDRE PEU SOLIDE.)

Se compose avec du blanc, de l'ocre jaune et une pointe de laque carminée pour la variété, comme il est dit plus haut.

7° CAFÉ AU LAIT. (TENDRE PEU SOLIDE.)

Se compose avec du blanc, de l'ocre et un peu de japon; dito pour les variétés.

8° TEINTE CANNE OU JONC. (TENDRE PEU SOLIDE.)

Se compose avec du blanc, de l'ocre jaune et une pointe de jaune spooner; dito pour les variétés.

9° NOIRS DE TOUTES SORTES. (SOLIDES.)

Ceux employés pour équipages sont les noirs de fumée dits *léger*, noir d'ivoire en pain, plusieurs qualités.

10° BRUNS DE TOUTES SORTES, (SOLIDES.)

Brun Wandick. Couleur pure naturelle (il y a plusieurs qualités). Brun chocolat. Se compose avec du brun Wandick mélangé avec du noir d'ivoire et un peu de japon. En mélangeant le brun Wandick avec du noir d'ivoire ou du noir de fumée, et en y ajoutant du japon ou toute autre matière tirant sur le brun ou ton rougeâtre, on obtient une échelle de nuances brunes. Brun grenat, couleur laqueuse et riche de nuance, s'obtient de la manière suivante : On applique sur le fond de la caisse ou du train une couche de couleur fausse, teinte brune, composée avec du noir de fumée mélangé avec du brun Wandick. Sur ce fond brun une fois séché, on applique une couche de laque carminée, broyée fine et détrempée au vernis : cette application s'appelle *glacer*. Pour l'explication, voir à l'article ci-après concernant les laques et leur emploi. Cette manière qui précède de préparer les fonds bruns glacés a pour avantage de produire les nuances demandées ; attendu que si l'on demande brun foncé, on glace de laque sur un dessous foncé, et si l'on demande brun clair, on glace de laque sur un dessous clair; les nuances des dessous guident pour celles des dessus.

Pour la richesse des reflets, cela dépend de la qualité des laques que l'on emploie et de la quantité de glacis que l'on y applique.

En suivant l'exécution qui précède, les bruns grenat, les couleurs sang de bœuf, couleurs cerises fraîches et cerises tournées, brun Cuba, se produiront aussitôt. — Une pointe de japon ajoutée dans les laques varie les nuances sans pour cela détruire la richesse du ton produit.

11° TERRES D'OMBRE NATURELLES OU BRULÉES. (SOLIDES.)

Ces couleurs s'emploient naturelles, mais peuvent être imitées en mélangeant du brun Wandick, du noir d'ivoire et du japon. Pour varier, on y ajoute une pointe de jaune anglais.

12° TABAC D'ESPAGNE. (SOLIDE. N'EXISTE PAS NATUREL.)

On obtient cette teinte en mélangeant du brun Wandick avec du noir d'ivoire et du jaune rouge. — Le clair ou le foncé de la nuance s'obtient par le plus ou le moins de brun Wandick, noir d'ivoire ou jaune rouge employés.

13° TÊTE DE NÈGRE. (SOLIDE.)

On obtient cette teinte en mélangeant du noir d'ivoire avec du vert anglais fixe le plus foncé et une pointe de japon. (Couleur distinguée.)

14° ŒIL DE CORBEAU. (SOLIDE.)

Cette couleur s'exécute de trois nuances différentes ; on obtient la première, qui est la vraie, en mélangeant du noir d'ivoire avec une pointe de bleu ; la deuxième s'obtient en employant du noir d'ivoire seul, et la troisième en employant le noir de fumée également seul. Les trois manières ci-dessus produisent bon effet.

15° FUMÉE DE LONDRES. (SOLIDE.)

Cette teinte s'exécute de deux manières : la première, en mélangeant du noir de fumée avec une pointe de japon ; la deuxième, en mélangeant du noir d'ivoire, du japon et une pointe de jaune bouton d'or.

16° VIOLET. (COULEUR TENDRE.)

Le ton violet s'obtient en glaçant de laque carminée sur une teinte bleue, en ayant soin d'appliquer petits glacis par petits glacis. La nuance demandée dépend du ton clair ou foncé du dessous. On produit encore violet en mélangeant de la laque, du bleu et une pointe de blanc.

17° LILAS. (COULEUR TENDRE.)

On obtient cette nuance en mélangeant du blanc, du bleu et de la laque.

18° ROSE. (COULEUR TENDRE.)

Cette nuance s'exécute de deux manières : la première, en mélangeant du vermillon avec du blanc, et la deuxième, du blanc avec de la laque.

19° AMARANTHE. (COULEUR TENDRE.)

Couleur glacée; s'obtient en l'exécutant de la manière suivante : On dispose un dessous rose que l'on glace avec de la laque ; la quantité de glacis appliqués et le ton clair ou foncé du dessous produisent les nuances demandées.

20° GROSEILLE. (COULEUR TENDRE.)

Couleur glacée ; s'exécute comme celle ci-dessus; seulement, il faut ajouter, pour la composition de la teinte rose sur laquelle on glace de laque, une petite pointe de bleu. — De même que celle ci-dessus, ce sont les dessous et la quantité de glacis de laque qui produisent les nuances demandées.

21° CRAMOISI. (COULEUR TENDRE SOLIDE.)

Couleur solide, qui s'obtient en glaçant de laque sur vermillon. La qualité des laques donne la richesse et la solidité du cramoisi.

22° PONCEAU. COULEUR TENDRE.)

Couleur glacée faiblement, et qu'on obtient en glaçant de laque anglaise sur vermillon, dans lequel on mélange un peu de blanc.

23° IMITATION DE SOIES ROSE, CRAMOISIE, AMARANTHE.

Toutes ces teintes de soieries peuvent être imitées en préparant les teintes du dessous, sur lesquelles on glace avec de la laque anglaise, de manière à donner la transparence nécessaire aux soieries à imiter.

24° VERTS DE TOUTES NUANCES, FIXES ET COMPOSÉS.

Vert olive naturel. (Solide.

La nuance de l'olive naturelle existe dans les verts fixes; mais on peut l'obtenir, quoique privée de ces verts, en mélangeant de l'ocre jaune, du bleu et une pointe de jaune de chrôme rouge.

Vert olive pourrie. Solide.)

Cette nuance existe dans les verts fixes, mais elle peut être imitée, étant privée de ces verts; pour l'obtenir, il faut mélanger de l'ocre jaune avec du bleu, du jaune-rouge et une pointe de japon.

Vert feuille morte. (Solide.)

Cette nuance existe dans les verts fixes, mais elle peut être imitée, sans pour cela se servir de ces verts ; on l'obtient en mélangeant de l'ocre jaune avec du bleu et du jaune-orange foncé et détrempé au japon.

Vert bronze. (Solide.)

Cette nuance s'obtient en mélangeant du noir d'ivoire avec du jaune-rouge et du vert-olive fixe, détrempés au japon. (Couleur chaleureuse.)

Vert russe. (Solide.)

On obtient cette couleur en mélangeant du vert fixe foncé avec du noir d'ivoire.

Vert myrthe. (Solide.)

Cette nuance s'exécute de deux manières. La première, en mélangeant du vert fixe foncé avec du noir d'ivoire et une pointe de bleu; la deuxième, en glaçant de vert-de-gris sur une fausse teinte verte, composée avec du noir de fumée et du vert fixe foncé. — La deuxième est la vraie nuance.

Vert émeraude. (Couleur riche, mais peu solide.)

Couleur glacée. On l'obtient de la même manière que ci-dessus, pour produire toutes les nuances d'émeraude. Ce sont les fonds ou les dessous, sur lesquels on glace de vert-de-gris, qui en produisent les reflets demandés.

Vert d'eau. (Couleur tendre, peu solide.)

Cette couleur s'exécute de deux manières. La première s'obtient en mélangeant du blanc et du vert fixe; pour obtenir la deuxième, on glace de vert-de-gris, sur un dessous vert très clair, composé de blanc, de bleu et d'une petite pointe de jaune.

Observation. Pour composer une échelle de nuances vertes, il suffit de mélanger telles ou telles matières bleues avec telles ou telles autres matières jaunes : un peu de l'une, un peu plus de l'autre, et vous obtiendrez des nuances variées.

25° VERMILLONS DE TOUTES FABRIQUES. (SOLIDES.)

Les vermillons s'emploient tels qu'ils sont fabriqués et livrés au commerce ; leur changement de nuances vient de leur qualité. Ils ne peuvent être imités par le mélange d'autres matières.

26° BLEUS DE TOUTES FABRIQUES. (SOLIDES.)

Ces bleus, quoique de différentes fabrications, descendent une échelle de nuances, mélangés avec du blanc, et produisent, employés seuls, des fonds bleus foncés qui varient selon les matières employées pour leur fabrication.

Bleu de ciel. (Solide.)

On obtiendra cette nuance en mélangeant du bleu avec du blanc; le plus ou le moins de l'une ou l'autre matière produit des nuances plus ou moins foncées.

Bleu d'azur. (Solide.)

Cette nuance s'obtient en glaçant de bleu d'outremer sur

un dessous préparé, composé avec du bleu ordinaire minéral ou de Prusse, mélangé avec du blanc; la nuance du dessous dispose celle du dessus démandée.

Bleu de roi. (Solide.)

Cette nuance s'obtient, comme celle ci-dessus, en appliquant plus ou moins de glacis de bleu d'outremer, et le plus ou le moins foncé du dessous.

Bleu violeté. (Peu solide.)

Cette nuance violetée s'obtient en ajoutant dans le glacis de bleu d'outremer, une pointe de laque carminée, appliquée sur un dessous préparé comme les autres ci-dessus. (Bleu ordinaire mélangé avec du blanc.)

Fond noir bleuâtre. (Sol de.)

Ce fond bleuâtre s'obtient en glaçant de bleu d'outremer sur noir d'ivoire.

Bleu barbeau. (Peu solide.)

Cette teinte bleue s'obtient sur un dessous préparé avec du bleu ordinaire, mélangé avec du blanc, sur lequel on glace avec du bleu de Berlin, en liqueur. On entend par liqueur, qu'on broie le bleu de Berlin, qu'on le détrempe et qu'on le laisse reposer; retirer ensuite la liqueur limpide du dessus avec laquelle on glace.

Bleu porcelaine. (Peu solide.)

Ce bleu s'obtient en exécutant sur un dessous préparé avec du bleu ordinaire que l'on mélange avec du blanc. Il faut tenir cette nuance du dessous un peu claire pour ensuite la recouvrir par la teinte fixe de bleu porcelaine que l'on compose avec du bleu d'outremer et du blanc.

Nota. Il existe encore une quantité d'autres compositions de teintes, à la disposition de ceux qui voudraient en faire usage, mais on peut s'en dispenser.

§ III. MANIÈRE D'EXÉCUTER LES FONDS HISTORIÉS.

1° IMITATION D'ÉCAILLE.

Pour obtenir cette imitation, il faut préparer un fond avec du jaune bouton d'or appliqué avec un putois, du bitume de Judée, broyé à l'huile cuite; il faut pour cela le tenir épais sous le putois. Quand il est appliqué sur le jaune, on tapote de place en place pour produire les teintes claires ou foncées de l'écaille ; ces effets réussis, on jaspe un peu d'essence sur quelques parties pour obtenir la vérité de l'écaille. Ces petits points jaspés et ondulés existent, dans cette dernière, en nature. En exécutant ce genre de travail sur d'autres fonds, avec d'autres couleurs, comme par exemple, se servir de laque sur un fond argent, ou, sur un fond bleu, se servir de bleu d'outremer, l'effet en est superbe. Ce genre de peinture exige beaucoup de vernis à sa surface, pour éteindre les épaisseurs que le travail produit; seulement, il n'est pas urgent, avant l'application du bitume, d'en polir le fond jaune.

2° FONDS AVENTURINES.

Ces fonds peuvent s'exécuter sur n'importe quelles couleurs, mais il faut que ces dernières aient un peu de collant au moment de l'application de l'aventurine, de manière à retenir cette dernière, qui n'est autre chose que des poudres de bronze, qui, à l'aide d'une éponge ou autre outil, s'y appliquent en tapotant pour produire des ondulations et jasper ; cette opération terminée, on laisse sécher, puis ensuite on glace, soit en vert-de-gris, soit en laque ou en bleu d'outremer, comme aussi on laisse sans glacer ; s'ils reçoivent des vernis, c'est pour qu'ils produisent des variétés dans ce genre de peinture, qui était fort recherchée dans un temps comme peinture de luxe, mais qui, aujourd'hui, est peu connue comme peinture d'équipages.

3° FONDS D'OR.

Ces fonds s'exécutent sur une préparation de blanc de céruse appliqué en grande quantité de couches qui, étant durcies, doivent être dressées au chiffon et à la ponce. Cela fait, on donne quinze ou vingt couches de vernis gomme-laque, ce qui s'opère vite, attendu que la donnée des couches atteint le chiffre de quatre couches par jour. Ces couches appliquées et durcies, il faut les unir en les polissant à la ponce et au chiffon de drap, de manière à rendre la surface brillante comme une glace. — On passe ensuite la voiture dans une étuve ou dans un atelier fermé et chauffé ; on applique la mixtion pour recevoir la dorure, puis ensuite on vernit la dorure de deux couches de vernis que l'on laisse durcir pour les repolir : ce poli exécuté, on vernit en dernier ressort.

4° FONDS PAILLONS.

Ce genre de travail s'exécute pour guirlandes ou ornements de panneaux. C'est tout simplement des feuilles d'étain estampées que l'on applique sur les endroits désignés pour les recevoir ; on les fixe à l'aide d'un mordant. Cela fait, le peintre artiste exécute les reflets clairs et foncés, puis ensuite on charge de vernis pour unir les panneaux, de manière à éteindre les épaisseurs que produisent les feuillets de paillon. Ce genre de peinture s'exécutait beaucoup autrefois pour voitures de cour.

5° FONDS RAYÉS.

Ce genre de peinture s'exécute sur tous les fonds sans exception. Il suffit d'en faire un échantillon avant l'exécution pour se rendre compte de l'effet que l'on veut obtenir.

Le point de départ, c'est l'aplomb du premier filet à tracer qui s'obtient en plaçant la caisse à rayer sur un traîneau et bien en chantier ; ensuite l'ouvrier doit se munir d'un cordeau, au bout duquel est suspendu un plomb, qu'il présente au milieu de la portière, si la voiture est une calèche. Il doit se rendre compte de la justesse, et d'un coup de crayon il trace cette partie rectifiée. Pour le reste, il n'y a plus qu'à compasser les distances qu'il veut donner à ses filets ou bandes.

Il faut marquer autant de points en haut qu'en bas des panneaux, et ensuite exécuter ce travail qui sera parfait, attendu que le filet du départ se trouve juste. Cette manière d'exécution est la bonne pour tous les genres et toutes les formes de voitures.

Ce genre de peinture exige beaucoup de vernis par dessus

les filages ; il faut, pour que ces derniers ne forment pas épaisseur à la surface, qu'ils soient enterrés sous le vernis.

6° FONDS A BALUSTRES.

Les balustres (peinture simulée) s'exécutent sur tous les fonds sans exception, camayeux ou autres ; ces peintures exigent beaucoup de couches de vernis pour faire disparaître les épaisseurs que produisent les balustres, quand ces dernières sont exécutées sur des fonds bruns, bleus ou vert-de-gris. Il est avantageux, pour la beauté des nuances, de glacer les balustres en même temps que le fond, soit avec de la laque, soit avec du bleu d'outremer, ou du vert-de-gris; c'est plus riche de ton, et les épaisseurs disparaissent plus vite.

7° FONDS CANNELÉS.

Pour ces fonds, il faut préparer d'avance les panneaux qui doivent être recouverts par la canne en nature, avec du noir ou du jaune, au choix du client, en ayant soin de les tenir brillantes.

La canne en nature, une fois fixée, ne doit pas être vernie. Ce n'est qu'après un long usage qu'on peut se permettre de la vernir dans l'espoir de la faire revivre.

8° FONDS CANNELÉS. (IMITÉS EN PEINTURE.)

Pour bien réussir dans ce travail, il faut que cette peinture simulée forme des carrés à huit pans ou octogones ; le principe est le même que celui employé pour les caisses rayées. — Cherchez le milieu du panneau, tirez l'aplomb que vous pointez en haut et en bas, et passez le crayon dans cette direction, voilà pour un côté des carrés. Prenez ensuite le milieu de ce premier trait de crayon marqué sur le panneau et pointez ; passez alors le crayon d'un bout à l'autre du panneau en passant sur chacun des points marqués, voilà pour l'autre côté des carrés. — Ces deux traits tracés d'aplomb et formant croix, la canne simulée à exécuter sera correcte, et vous n'aurez plus qu'à compasser et diviser en autant de points, en haut et en bas, des traits marqués, correspondant juste de l'un à l'autre pour obtenir des carrés réguliers. Supprimez alors crayons et compas, prenez votre teinte couleur canne et le pinceau à filet, passez de cette teinte dans la direction et sur chacun des points des carrés, et quand vous aurez passé des filets de cette teinte, toujours dans la direction et les pointes des quatre carrés, votre canne simulée sera parfaite et régulière.

Observation.

Pour exécuter de la canne simulée, à s'y méprendre avec de la canne naturelle, il faut laisser un jour d'intervalle entre l'application des filets, parce qu'étant séché, le filet du lendemain, passé sur celui de la veille, produit épaisseur et donne le relief de la canne véritable ; autrement, les teintes à filet se mélangent et ne produisent pas cet effet.

9° FONDS LOSANGES.

Ce travail s'exécute sur toutes les couleurs sans exception ; c'est encore un point d'aplomb à obtenir, et un coup de crayon à donner pour former des carrés. — Au lieu de filer sur les traits de crayon, on file à travers les pointes, ce qui forme des losanges. Pour qu'ils produisent l'effet de passer les uns sur les autres, il faut filer avec une teinte claire en dessus et avec une teinte foncée en dessous de chacun des filets formant losanges, et on les verra entrelacés. Ce genre de peinture produit beaucoup d'effet quand il est glacé, mais il exige aussi beaucoup de vernis pour éteindre les épaisseurs produites par ce travail.

10° FAUSSES JALOUSIES. (IMITATION.)

Pour l'exécution de ce travail, il faut diviser et pointer le panneau en autant de distances qu'il y a de lames de jalousies, en réservant entre chacune l'épaisseur de ces dernières. On prend ensuite une règle, que l'on place dans la direction déjà pointée sur les panneaux pour l'écartement des lames divisées, on passe ensuite avec le crayon d'un bout à l'autre sur chacun des points. — Il faut se servir de deux teintes, l'une claire et l'autre foncée ; puis, avec un pinceau assez large, on tire une bande avec la première teinte (claire) à partir du trait de crayon au-dessus de l'épaisseur ; ensuite, avec un pareil pinceau, on tire une bande foncée au-dessus de la bande claire. Ces deux bandes, claire et foncée, mêlées ensemble en les fondant, feront l'effet que produisent les couleurs d'un arc-en-ciel, ce qu'il est facile d'obtenir en les appliquant fraîchement. Laisser sécher et glacer le tout le lendemain; en bleu, si les jalousies sont bleues; avec de la laque, si elles sont brunes, et avec du vert-de-gris, si elles sont vertes; cela fait, il faut tirer un filet fin et clair le long de la lame de jalousie au-dessus de l'épaisseur touchant à la teinte claire, puis une petite bande noire au-dessous, au bord de la teinte foncée, dans les coins entre chacune des lames à droite; faire l'ombre portée en travers, et alors l'imitation des jalousies sera parfaite. Le petit filet clair, ci-dessus recommandé, doit toujours être d'une nuance en harmonie avec celle du fond.

CHAPITRE X.

FONDS DE PEINTURES EXÉCUTÉS.

LEUR MISE EN ÉTAT DE POLISSAGE.

§ 1er.

Pour exécuter un fond, soit noir d'ivoire, tête de nègre, brun mat, terre-d'ombre naturelle ou imitée, vert russe, vert bronzé, vert foncé, brun marron et chocolat, bleu foncé et autres teintes également foncées, il faut suivre les recommandations faites plus avant dans cet ouvrage, c'est-à-dire qu'il faut préparer les teintes noir d'ivoire broyé à l'essence, détrempé au japon, et les teintes désignées d'autre part, broyées fines, passées dans la gaze pour en séparer les grumeaux et les saletés; que les outils soient propres; que l'on se munisse d'un pinceau court, pour les corps de moulures; d'un pinceau à raccords, pour atteindre les petits endroits; d'un blaireau à épousseter, pour enlever la poussière; d'un couteau et de mastic à l'huile. Pour éviter la poussière et surtout l'air qui excite les teintes à sécher trop vite, il faut avoir la précaution de bien fermer les portes des ateliers dans lesquels se trouvent les voitures à finir de teinte. Il est bien entendu que ces dernières auront été préalablement préparées.

En époussetant, il faut passer la main sur l'impériale pour enlever la crasse et la poussière. On prend ensuite le noir au japon avec lequel on finit tous les grands panneaux du haut, si la caisse est berline ou coupé. On quitte le noir, pour reprendre la teinte dite de fond qu'on applique sur les parties désignées. Il faut faire attention de ne pas mettre de cette teinte sur le corps des moulures. Les teintes terminées, on reprend le noir au japon pour en couvrir toutes les parties restant à faire jusqu'aux petits corps. Voilà pour l'application et pour finir de teintes toutes les couleurs expliquées ci-dessus; une fois sèches, on réchampit de noir d'ivoire toutes les gorges des moulures ; on passe l'éponge et la peau pour éviter le refusage du vernis à appliquer en première couche, vernis de fabrication à la gomme dure dans lequel on ajoute un peu de siccatif. — On laisse sécher le tout pendant quelques jours, puis on donne un petit poli ; cela fait, il faut revernir d'une seconde couche plus corsée, de même fabrication et proprement appliquée; ceci exécuté, la peinture est prête à recevoir son dernier poli. Ce principe est général pour toutes les couleurs foncées.

Quant à la quantité de couches de vernis à appliquer sur un fond et les polissages à lui faire subir, cela dépend d'abord du prix, et ensuite du temps accordé pour l'exécution de la peinture. Plus une peinture reçoit de vernis et de polissages, plus elle est belle et solide.

Pour l'uniformité des fonds noirs, il faut, quand on réchampit une caisse avec du noir d'ivoire seul, que ce dernier ne soit pas à cheval sur le noir au japon, ce qui produirait deux sortes de noirs ; il est préférable de faire la partie entière de l'un ou de l'autre noir ; c'est le moyen d'éviter un effet désagréable.

I° FONDS CLAIRS.

L'exécution d'un fond clair ne diffère de celui foncé, que parce que le clair exige l'application d'une seconde couche pareille à la première pour éviter les transparences, en observant toutefois pour cette seconde couche d'y ajouter un peu de vernis, afin qu'elle soit plus brillante que la première pour l'application du vernis et les polissages. C'est le même principe à suivre pour qué les fonds clairs soient mis en état de polissage en dernier ressort.

2° FONDS VERTS, GLACÉS DE VERT-DE-GRIS.

Pour les fonds verts, glacés de vert-de-gris, il faut qu'ils reçoivent deux glacis sur un dessous vert exécuté comme ci-dessus (teintes foncées), et qu'ils soient chargés de vernis par le même principe que les autres fonds. Il faut éviter en polissant de découvrir le vert-de-gris, pour empêcher le contact de l'humidité.

3° PRÉPARATION DU VERT-DE-GRIS POUR GLACIS.

Le vert-de-gris doit être préparé d'avance. Prenez du vert-de-gris cristallisé, broyez-le très fin à l'huile de lin pure, arrosez à l'essence pour faciliter le broyage, détrempez-le également à l'essence pour commencer, et ensuite avec du vernis et du siccatif; passez-le dans la gaze et couvrez-le.— Ce vert, ainsi préparé, ne doit être employé que le lendemain. — Pour lui enlever ce ton blafard que l'humidité lui fait éprouver, il faut le placer dans un endroit où il puisse recevoir la chaleur. En le détrempant, il faut avoir le soin de le tenir un peu clair de détrempe, et, comme du jour au lendemain, et à la chaleur, l'essence se sera évaporée, il se trouvera juste à son point de liquidité pour être employé sans qu'il soit nécessaire d'y remettre ce qui le fait blanchir.

C'est ainsi préparé qu'on applique deux glacis comme il est dit pour les fonds émeraude, myrte et vert d'eau; tout dépend du reste de la nuance sur laquelle on glace; il est toujours prudent de faire un échantillon pour se rendre compte de l'effet.

4° FONDS BRUNS GLACÉS.

Pour les fonds bruns glacés, il faut qu'ils reçoivent deux glacis de laque carminée appliqués sur un dessous brun fausse teinte, composé avec du noir de fumée et du brun Wandick. Les glacis s'y appliquent par le même principe ci-dessus; pour les vernis et les polissages, c'est toujours le même procédé.

5° PRÉPARATION DE LA LAQUE POUR GLACIS.

Prenez de la laque carminée que vous broyerez à l'huile coupée d'essence; plus elle est broyée, plus elle foisonne et produit une nuance chaleureuse. Commencez à la détremper à l'essence et finissez avec du vernis, en y ajoutant un peu de siccatif; passez-la et appliquez deux glacis sur vos fonds préparés, comme il a été dit plus haut.

L'observation à faire pour la laque est la même que celle faite pour le vert-de-gris, c'est-à-dire que la nuance du dessus dépend de celle du dessous. (Il faut faire un échantillon.)

Quant au vernissage et au polissage, toujours le même procédé.

6° FONDS BLEUS-GLACÉS.

Pour les fonds bleus glacés d'outremer, il faut qu'ils reçoivent deux glacis de bleu d'outremer sur un fond bleu clair préparé avec du bleu minéral et du blanc. Polissage et vernissage comme dessus.

7° PRÉPARATION DU BLEU D'OUTREMER GUIMET ET AUTRES, POUR GLACIS.

Prendre du bleu d'outremer Guimet, le mettre dans un pot et l'infuser d'essence, le détremper avec du vernis n° 2, y ajouter un peu de siccatif et le passer. — En donner deux glacis sur les fonds préparés comme ci-dessus.

Ce bleu, pour obtenir son reflet d'émail, doit être employé corsé de détrempe, et ne pas être brillant.

Pour certains bleus factices, il est nécessaire de les broyer à l'essence et de les détremper au vernis, de même que le bleu Guimet.

CHANGEMENT DE PRINCIPES.

8° FONDS JAUNES.

Pour les fonds jaunes, il faut qu'ils reçoivent deux couches de blanc sur les ponçages de mastics; ce blanc doit être broyé à l'huile de lin pure, détrempé à l'essence avec un peu de siccatif; sur le blanc, il faut donner trois couches de jaune de la nuance demandée. — Ce jaune est broyé à l'essence et détrempé avec du vernis. La première couche s'applique presque mate, la deuxième plus brillante que la première, et la troisième plus brillante encore que la deuxième. Quand ces trois couches sont séchées, il faut polir à la ponce et au chiffon, après quoi on applique deux glacis de jaune composé avec le restant du jaune des trois premières couches; on y ajoute du vernis blanc; cette opération se fait à l'avance pour que le vernis se lie bien avec le jaune. Des fonds jaunes exécutés par ce principe sont mis en état de polissage en dernier ressort.

Les jaunes ne pouvant supporter les vernis à leur surface, on les introduit avec les teintes; il est prudent en broyant la teinte jaune pour peindre une voiture, d'en préparer plus que moins, pour éviter d'en refaire, attendu qu'il est difficile d'en rassortir la nuance. Pour les trains, même principe; seulement, on ne donne qu'un poli; les cinq couches de jaune s'appliquent successivement, en observant, comme de juste, le séchage d'une couche appliquée pour appliquer la couche suivante.

9° FONDS BLANCS.

Pour les fonds blancs, c'est presque le même principe que pour les fonds jaunes; seulement, il faut observer de mettre moins de vernis dans le blanc pour les glacis, de manière à lui conserver sa blancheur. Ces fonds à exécuter demandent beaucoup de soins et de propreté. En composant la teinte, il faut y ajouter une petite pointe de bleu, ce qui donne au blanc une teinte bleuâtre qui lui est favorable et l'aide à supporter le vernis à finir.

Quant au blanc à employer, commencez les dessous avec du blanc de céruse, et terminez le dessus avec du blanc d'argent.

Quand on exécute une peinture avec des couleurs claires, il faut avoir le soin de s'enfermer dans un atelier bien clos, pour éviter, ce qui arrive souvent, que toutes les saletés de forges ou autres se collent à la surface des couleurs et y laissent des taches.

Pour les trains blancs, le principe est le même que pour

les caisses. On peut économiser un polissage, comme pour les trains en couleur jaune.

§ II. PEINTURE DES TRAINS.

LEUR MISE EN ÉTAT DE POLISSAGE.

1° COULEURS FONCÉES.

Pour exécuter une peinture de train et qu'elle soit mise en état de polissage pour les teintes foncées, telles que noir d'ivoire, brun mat, vert russe, vert foncé de toutes nuances, bleu foncé, même les couleurs glacées foncées, il faut, sur les deux couches de gris, appliquer une couche de noir de fumée. — Une fois séchée, si la couleur demandée est noire, donnez une couche de noir au japon à votre train, et il est fini de teinte ; si la couleur demandée est brun mat, donnez une couche de brun mat au train, et il sera également terminé de teinte, et ainsi de suite pour toutes les couleurs foncées. Si dans ces couleurs appliquées vous en avez qui soient demandées réchampies et filées noir d'ivoire, faites le réchampissage sur teintes et vernissez ensuite d'une couche de vernis ou de deux, cela dépendra du prix accordé pour la peinture et du temps donné pour son exécution. Dans cet état, ces peintures de trains sont prêtes à recevoir les polis, et, comme étant recouvert de vernis, le noir d'ivoire du réchampissage obtient plus de solidité et la peinture plus de netteté.

Pour les autres couleurs ci-dessus qui seraient demandées réchampies de couleurs claires, ne faites à celles-là que les parties qui toujours se peignent en noir, telles que essieux, palettes, frettes et cercles des roues ; vernissez d'une ou deux couches de vernis, et ils seront mis en état de polissage en dernier ressort.

2° PEINTURES CLAIRES.

Pour les trains, peintures claires, telles que : vert feuille morte, vert olive, vert d'eau, bleu clair, vert pistache et autres couleurs, il faut, ainsi qu'il a été dit, appliquer deux couches de la même teinte sur la couche de gris appliquée sur le train. Ces couleurs claires ont besoin d'être soutenues par les dessous, et éviter une transparence foncée. Là, encore, s'il était demandé pour ces teintes un réchampis et filet noir, ou de toute autre couleur pouvant supporter le vernis, n'hésitez pas, dans l'intérêt de l'ouvrage et de la netteté du fini, de réchampir sur teinte.

Vernissez ensuite de deux couches de vernis, et ils seront en état de polissage.

3° TRAINS VERMILLON.

Pour qu'une peinture d'un train demandé vermillon soit mise en état de polissage, il faut qu'elle reçoive sur les deux couches de couleur rose appliquées sur les ponçages une couche de vermillon français broyé à l'essence et détrempé au vernis avec un peu de siccatif. Cette couche, une fois séchée, il faut en appliquer une autre en vermillon anglais, dans laquelle on ajoutera un peu de vernis, pour qu'elle soit brillante. Si cette peinture vermillon est demandée réchampie et filée noir ou d'autres couleurs pouvant supporter le vernis, faites exécuter le réchampissage et vernissez d'une bonne couche seulement par-dessus ce dernier; le train sera prêt à polir.

Il y a plusieurs manières de procéder à l'exécution d'une peinture en vermillon; par exemple : broyer le vermillon au siccatif ou encore à l'huile grasse de bonne qualité, le détremper à l'essence seulement, ce qui produit une détrempe liquide avantageuse (surtout en employant, pour l'appliquer, des brosses ou blaireaux, au lieu de putois, dont on se sert généralement aujourd'hui). Il faut y ajouter une deuxième couche, et graduellement ajouter du vernis pour en appliquer deux autres, ce qui fait quatre couches, sur lesquelles on polit. Les réchampissages se font en noir de fumée, attendu que le noir d'ivoire ne couvrirait pas.

D'après l'habitude d'exécuter des peintures dont les nuances gagnaient en recevant le vernis à leur surface, le pinceau court ou putois avec lequel les glacis se donnaient, ce qui en facilitait l'application, engagèrent d'essayer le vermillon comme les autres teintes broyées à l'essence et détrempées au vernis. En se servant du putois pour remplacer le blaireau, on obtint qu'avec une couche de vermillon français appliquée sur une couche de couleur rose elle couvrit parfaitement. Ainsi donc, donnez une couche de vermillon anglais ou de Chine sur du vermillon français ou d'Allemagne; mêmes principes pour le broyage, la détrempe et l'emploi : vous aurez une réussite complète ; exécutez sur ces vermillons les réchampissages en noir d'ivoire, ce dernier couvrira, puisqu'il pourra happer et s'y appliquer, ce qu'il ne pourrait faire que difficilement sur le poli. Le réchampissage fini et séché, appliquez une seule couche de vernis pour polir, le réchampissage noir d'ivoire sera enterré sous le vernis, le vermillon riche de ton recevant le polissage, ce qui est avantageux pour la netteté d'une peinture. Voilà ce qui a fait abandonner l'ancien principe.

Si toutefois on voulait reprendre ce dernier procédé, il est facile de le remettre à exécution, en commençant l'application de la première couche un peu mate, et graduellement de couche en couche, jusqu'au chiffre quatre ou cinq; mettre du vernis dans le vermillon.

Nota. Pour la deuxième couche de vermillon anglais à appliquer, ainsi qu'il est dit en tête de cet article, on peut la supprimer pour des travaux pressés ou pas payés. Une seule couche suffit du moment qu'elle se trouve appliquée avec soin.

4° TRAINS BLEU PORCELAINE.

Pour ce genre de peinture, il faut bien en raisonner l'exécution. Pour obtenir un bon effet, il faut donner trois couches de bleu sur le gris du train et appliquer ces trois couches graduellement. Elles se composent avec du bleu minéral et du blanc de céruse, broyés tous deux à l'essence et détrempés au vernis, la première mate, la deuxième plus brillante que la première, et la troisième encore plus brillante que la deuxième, ce qui s'obtient en y ajoutant un peu de vernis. Ces couches, une fois durcies, sont dressées à la ponce et au chiffon. Cela fait, il faut broyer du bleu d'outremer bien fin et du blanc de céruse, le tout à l'essence et mêlé ensemble pour produire le ton porcelaine. — On détrempe au vernis, et il faut que cette teinte soit d'un brillant doux; une seule couche suffit pour couvrir. — On exécute ensuite sur cette couche les réchampis avec beaucoup de soins, pour ne pas salir ni altérer la teinte, et après on vernit en dernier ressort avec du vernis anglais ou du vernis français fort blanc. Cette peinture, étudiée et bien exécutée, est admirable. Il faut remarquer qu'une fois la teinte porcelaine appliquée, elle ne doit pas recevoir de polissage à sa surface, autrement la nuance perd son reflet porcelaine.

5° COULEURS CHAMOIS, JAUNE PAILLE, VERT D'EAU TENDRE.

MISE EN ÉTAT DE POLISSAGE.

Toutes les peintures en couleurs tendres, à part quelques unes s'exécutent par le principe d'ajouter du vernis dans les teintes, au lieu d'appliquer ce dernier à leur surface; ainsi, pour la teinte chamois, il faut broyer du blanc et du jaune ocre à l'essence, de même une pointe de vermillon égalcment à l'essence; composer la teinte avec ces trois couleurs détrempées au vernis et passées à la gaze; appliquer quatre couches sur celles en blanc déjà appliquées sur le train à peindre; tenir la première couche un peu mate, la deuxième plus brillante que la première et la troisième plus brillante encore que la deuxième, ainsi de suite, toujours par le moyen du vernis ajouté au fur et à mesure de la donnée des couches. La peinture est mise en état de polissage. Même principe pour le jaune paille et le vert d'eau, et généralement toutes les couleurs tendres.

Le principe de dresser sur deux ou trois couches est excellent, et celui qui en fera usage n'aura qu'à s'en féliciter; seulement, il faut se servir de vernis fort blanc pour ne pas salir les nuances.

CHAPITRE XI.

POLISSAGES, CAISSES ET TRAINS.

§ Ier. POLISSAGE DES CAISSES.

Les polissages, pour la peinture en voitures, s'exécutent de la manière suivante : Appliquer sur un morceau de drap humide de la ponce broyée à l'eau, et, avant de passer cette dernière sur la peinture, mouiller la partie que l'on veut polir, pour exciter la ponce à unir, sans pour cela rayer. Commencer par frotter doucement pour donner le temps nécessaire à la ponce de se broyer sous le chiffon et au vernis de s'unir sans s'arracher, ce qui arriverait si l'on frottait fortement. La ponce une fois à son point, frotter davantage et mouiller souvent pour faciliter le va-et-vient du chiffon, et pour empêcher le vernis de s'échauffer, ce qu'il ferait si l'on omettait de mouiller ; le vernis échauffé se colle au chiffon et raie la surface du panneau, tandis qu'en mouillant, le poli devient brillant comme une glace, ce qui doit être pour ce genre de travail.

Pour les prèmiers polissages d'une caisse, appelés dressages, il faut se servir de ponce ronde, c'est-à-dire moins broyée que pour les polissages en dernier ressort, attendu que les premiers se font pour obtenir l'aplomb des fonds et enlever les grains et les épaisseurs, tandis que les derniers s'exécutent sur des vernis propres et doivent rendre les fonds unis, et donner le lustre au vernis à finir. Il faut surtout éviter d'attaquer les teintes en polissant, ce qui arrive quand on force avec trop de ponce et qu'on oublie de mouiller, ce qui nécessite des raccords imparfaits. Si le blanc d'Espagne est employé dans ces mains-d'œuvre, c'est pour tirer à l'eau les panneaux polis, et, une fois l'aplomb obtenu avec la ponce, il accélère par sa finesse le brillant des polis ; il s'emploie simplement à l'eau, sans être obligé de le broyer. Les outils et matières à employer pour les opérations sont : un chiffon de drap de n'importe quelle couleur pour les teintes foncées, mais, pour polir les claires, il est prudent de se servir de drap blanc ou noisette, ces derniers étant exempts de teintures nuisibles aux peintures claires; de la ponce broyée à l'eau, une éponge, une peau de chamois, un blaireau à laver pour détacher la ponce qui toujours se niche dans les coins d'un panneau, et enfin un seau rempli d'eau qui est employée continuellement. La propreté des polissages est une condition indispensable pour le parfait.

§ II. POLISSAGE DES TRAINS.

Le polissage des trains n'exige pas autant de science que celui des caisses; il s'exécute avec les mêmes outils et matières; deux précautions sont à prendre: d'abord ne pas attaquer ou découvrir les vives arêtes des moulures, et ensuite éviter que la ponce reste dans les coins ; ce qui, d'une part, occasionne des raccords onéreux et de l'autre de la malpropreté nuisible aux travaux parfaits. Comme on éprouve beaucoup de difficultés pour les petites parties composant les trains, il faut prendre une curette en bois pour les atteindre, en ayant soin de recouvrir cette curette de drap pour empêcher de rayer ou d'arracher.

CHAPITRE XII.

§ Ier. RÉCHAMPISSAGE.

Pour bien exécuter les réchampissages, il faut que le réchampisseur ait le soin de faire broyer ses teintes très fines, d'en régler la détrempe avec mesure, de les passer avant de les employer.

Un réchampisseur doit s'attacher à tirer droit les filets et les bandes, à les faire bien couvrir, à lier ses raboutages avec les bandes et filets déjà appliqués, afin qu'ils produisent à la vue l'effet de rubans unis, sans produire de miroitages.

Cet ouvrier doit se rendre compte, avant d'exécuter son travail, si la peinture où le réchampissage doit être exécuté est bien sèche, de manière à préparer ses teintes plus ou moins brillantes, afin d'éviter l'effet nuisible d'une teinte terne sur une brillante, peinture qui gerce peu après son application. Quand des bandes de ressorts sont demandées larges, le réchampisseur doit, dans l'intérêt de son travail, commencer par les filées de côté, pour ensuite les remplir avec un pinceau plus fort, ce qui donne l'avantage de produire des bandes unies et sans épaisseurs, ce qu'il ne pourrait obtenir au premier coup, s'il se servait d'un gros pinceau, attendu que le passage des boulons et écrous occasionnerait des reprises de droite et de gauche, et ces reprises produiraient des épaisseurs qui se verraient sous le vernissage.

Pour le bien de l'ouvrage et la facilité des filages, un réchampisseur doit de temps en temps visiter sa teinte et sa plaque (qui lui sert pour épurer ses pinceaux), pour s'assurer s'il ne s'y forme pas de petites peaux que le siccatif, employé pour la détrempe, produit par l'aspiration de l'air que la teinte reçoit. Ces petites peaux, entraînées par le pinceau, obligent à torcher et puis détrempent quand on vernit. Pour éviter ces désagréments, il est nécessaire de repasser la teinte et de nettoyer la plaque ou palette.

Un train à réchampir sur teinte doit être bien lavé à l'éponge et essuyé à la peau, pour éviter le refusage des teintes à y appliquer, et c'est ce qu'il faut faire avant d'exécuter le réchampissage. Cette main-d'œuvre du lavage est également de rigueur quand on veut glacer des réchampissages exécutés ; c'est une économie de temps et une grande sécurité pour l'ouvrage.

De même pour un train poli et abandonné pour en prendre un autre plus pressé, ce qui arrive fréquemment, le premier, repris quelque temps après, doit être chiffonné de nouveau pour faciliter les teintes de réchampissage à se bien lier à celles du fond ; autrement, la crasse restée à la surface compromettrait la solidité des réchampissages appliqués.

§ II. RÉCHAMPISSAGE ET FILETS DORÉS.

Préparation de la peinture pour recevoir la dorure, et préparation de la mixtion.

Pour préparer une peinture de train pour recevoir la dorure, il faut qu'elle soit polie, comme les autres peintures, avec un chiffon chargé de ponce broyée à l'eau ; une fois polie, lavée et séché, on y passe de la glaise que l'on applique fort mince à l'aide d'une éponge douce et mouillée; cette opération de glaiser a pour but d'empêcher l'or de se coller aux parties non couchées de mixtion, ce qui s'appelle dorer à plat.

Il est facile à comprendre que l'or, employé si mince, se collerait pour peu qu'il ressentît une surface grasse ou collante ; ce voile aride donné à la peinture par la glaise tranche la difficulté.

On prépare la mixtion dans laquelle on ajoute du jaune bouton d'or broyé fin à l'huile de lin pure (jaune en vessie), ce qui produit une nuance jaune qui a l'avantage de soutenir et favoriser la dorure, tout en facilitant le réchampisseur chargé d'exécuter l'application des réchampissages ; cette mixtion étant à son point de séchage, on y applique la dorure, puis ensuite on lave proprement, en évitant d'appuyer fortement sur la dorure, et on vernit en dernier ressort.

§ III. RÉCHAMPISSAGES BRONZÉS.

Pour les réchampissages bronzés, le principe est le même que celui expliqué au § II, qui précède pour la préparation du train et l'application de la mixtion ; mais le bronze étant en poudre, c'est à l'aide d'un morceau de drap surchargé de cette poudre qu'on en frotte la mixtion. De cette manière, cette dernière retient le bronze qui se détache du drap, et quand ce dernier en est dépourvu, on en reprend de l'autre, pour ainsi continuer. Le bronzage terminé, on lave proprement à l'éponge et on essuie à la peau ; après avoir légèrement épousseté, on vernit en dernier ressort.

§ IV. PRÉCAUTIONS A PRENDRE POUR LA CONSERVATION DES PINCEAUX DE RÉCHAMPISSAGE.

Pour conserver des pinceaux à réchampir dans leur état primitif, il suffit de les tenir dans une boîte où l'on dépose du tabac à priser ou du poivre en poudre, ce qui empêche les mites de les déformer, chose qui arrive quand ces insectes rongent les soies. — Quand ils ont servi, il suffit de rincer ces pinceaux à l'essence, et quand on cesse de s'en servir, les graisser avec du saindoux, suif ou graisse, et les coller sur un morceau de vitre ou plaque en zinc ; de cette manière, les pinceaux à réchampir peuvent se conserver et durer des années entières sans se déformer.

CONSERVATION DES BROSSES ET BLAIREAUX.

Pour la conservation des brosses et blaireaux n'ayant pas encore servi, il suffit de les suspendre dans un endroit sec, de les secouer de temps à autre pour en détacher les mites qui se logent toujours dans l'intérieur des soies ; quand ils ont servi dans des teintes à l'huile, on les dépose dans un vase rempli d'eau ordinaire ; quand ils ont servi au vernis seulement, c'est dans de l'huile de lin ou du vernis qu'il faut les déposer; ce dernier doit être clair d'essence, de manière à ce qu'il n'empâte pas les soies des outils. Pour les pinceaux courts putois et à raccords, c'est dans de l'huile, mais avant de les déposer, il est urgent de les rincer à l'essence pour en détacher les couleurs terreuses nuisibles aux outils si elles restaient dans l'intérieur des soies, et déformeraient ces mêmes outils en les entraînant au fond du vase.

§ V. OUTILS A VERNIR EN DERNIER RESSORT.

Les outils avec lesquels on vernit en dernier ressort doivent toujours séjourner dans le vernis quand on cesse de s'en servir ; si leur emploi est au vernis anglais, il faut les déposer dans du vernis anglais, de même que ceux des outils servant au vernis français doivent être déposés dans ce dernier.

On ne saurait trop observer cette recommandation pour éviter les désagréments de voir la surface des vernis appliqués se grainer ou picoter ; il est même prudent de les tenir suspendus (les outils) dans le vernis, de manière à ce qu'ils ne touchent pas au fond du vase où les saletés se déposent toujours. Il suffit, pour arriver à ce résultat, de percer un trou au manche de l'outil et d'y faire passer un fil de fer qui le tienne suspendu. Un outil à vernir en dernier ressort ne doit pas être rincé dans l'essence ni dans l'huile, avant comme après l'emploi ; il faut l'épurer dans du vernis, en se servant pour cela du dos d'un couteau sur lequel on passe doucement l'outil pour éviter d'arracher les soies. Cette opération se fait aussi quand par accident l'outil à vernir tombe à terre ; cela donne l'avantage de continuer à vernir sans danger, ce qui serait impossible si, pour remédier, on lavait le blaireau, soit à l'essence, soit à l'huile de lin.

Encore une autre chose à observer : La hauteur du vernis dans lequel on dépose l'outil à vernir doit toujours dépasser celle des soies, pour éviter que ces dernières ne sèchent au collet.

§ VI. FILTRAGE DES VERNIS POUR VERNIR EN DERNIER RESSORT.

Pour vernir en dernier ressort, il faut passer le vernis pour en obtenir la propreté, but à atteindre pour le fini de l'ouvrage. On prend en conséquence un filtre en fer-blanc de la forme d'un entonnoir, au bas duquel on adapte à l'embouchure un morceau de gaze doublée, que l'on y fixe à l'aide d'un fil bien attaché. Ce filtre ainsi préparé, on le place au-dessus d'un vase qui reçoit le vernis au fur et à mesure qu'il filtre. On verse le vernis à filtrer sur le coton placé au fond de l'entonnoir, de manière que ce vernis, en traversant ce coton, y dépose ses impuretés.

Si parfois le vernis entraîne avec lui quelques parcelles du coton, la gaze doublée qui se trouve à l'embouchure de l'entonnoir l'empêche de passer. De cette manière vous obtenez du vernis d'une propreté parfaite.

§ VII. NOTE SUR LES VERNIS ANGLAIS.

Le vernis anglais, ne pouvant supporter aucun siccatif, doit s'employer tel qu'il est livré au commerce. Quand on a fini de vernir une voiture avec le vernis, il faut transvaser ce qui reste de vernis dans un bidon spécial qu'il faut aussitôt reboucher, autrement le vernis s'épaissirait et perdrait de son action siccative qui lui est indispensable pour former à la surface des peintures la pellicule, ce qui lui donne la solidité et le brillant de glace. Si cependant il lui arrivait de trop épaissir, on pourrait y remédier en le mélangeant avec d'autre vernis moins épais ; mais ne le coupez jamais à l'essence pour le rendre liquide, à moins qu'elle ne soit rectifiée ou d'Amérique.

L'auteur ajoute qu'il a vu du vernis tellement épais, qu'il était impossible de s'en servir, et qu'en y ajoutant un dixième d'huile de lin naturelle et crue, ce vernis redevenait convenable à l'emploi.

§ VIII. NOTE SUR LES VERNIS FRANÇAIS.

Ces vernis, employés pour le vernissage en dernier ressort, ne doivent pas, quand il en reste, être transvasés et mêlés avec des vernis d'un bidon frais, attendu que le siccatif que contient ce vernis restant, détruirait les qualités du bidon. Voilà le motif qui oblige à ajouter à ce vernis à finir, au fur et à mesure seulement qu'on en a besoin, le siccatif qui lui est nécessaire pour le faire sécher.

Quant aux restants de ce vernis, il est toujours facile de l'employer à d'autres travaux, tandis qu'en le versant dans un bidon de vernis frais on risque de déprécier ce dernier.

CHAPITRE XIII.

PRÉPARATION DES CAISSES ET TRAINS

POUR LE VERNISSAGE EN DERNIER RESSORT.

§ 1er.

Pour bien préparer une peinture de voiture, pour la vernir en dernier ressort, il faut en faire tous les petits raccords avec soin, et ensuite les arrêter de vernis ; le lendemain de cette opération, il faut passer sur la peinture de la caisse un coup de chiffon chargé de blanc d'Espagne, et laver ensuite caisse et train ; chauffer l'atelier si la température est froide, épousseter avec un blaireau propre les petits endroits susceptibles de retenir la ponce, et, pour obtenir la propreté, passer le plumeau partout à la voiture.

Appliquer ensuite le vernis à finir avec confiance et en assez grande quantité pour qu'il bondisse ; continuer le feu pour que la chaleur se maintienne pendant et après l'application ; éviter le va-et-vient dans l'atelier où se finit la peinture et surtout empêcher qu'on ouvre les portes à chaque instant ; de cette manière la réussite est infaillible.

Si la voiture à vernir était pressée au point qu'il fallût la terminer le jour même où se font les raccords et leur arrêtage, le passage du blanc d'Espagne devra se faire avant l'opération des raccords et du vernis qui se met dessus, car ce vernis, quoique siccatif, pourrait éprouver l'influence du blanc.

§ II. NOTE RELATIVE AU VERNISSAGE.

LES EFFETS ET LES CAUSES.

Le vernissage en dernier ressort est la main-d'œuvre la plus agréable à exécuter dans la peinture en équipages, quand elle va bien ; mais aussi, quand elle va mal, elle démoralise l'ouvrier qui l'exécute ; les facultés de ce dernier s'énervent et il finit par faire plus mal encore. Cependant, en raisonnant l'effet, on arrive nécessairement à en rechercher la cause. Quand un ouvrier ne vernit qu'un panneau à la fois, quoique grassement, ce vernis n'a pas le temps de bien se coller à la peinture et prend difficilement, et, à force de lisser pour éviter les coulures, il enlève une partie de ce vernis ; le peu qui reste sur le panneau devient graineux et ne sèche pas ; en vernissant au contraire plusieurs panneaux à la fois, et en laissant un instant le vernis sans lisser, ce dernier a le temps de se bien coller à la peinture, et fait résistance lorsqu'on passe le blaireau dessus ; cette résistance a pour résultat qu'il reste plus de vernis à la surface, qui dès lors bondit, forme pellicule, et, au lieu de grainer, obtient un brillant de glace.

Autre effet. En vernissant sur des armoiries et des raccords non arrêtés précédemment, le vernis refuse et écarte, ce qui produit un déplorable effet qu'il est facile d'éviter en ayant toujours la précaution d'arrêter préalablement et avant l'application du vernis anglais, les raccords, chiffres ou armes peints sur les panneaux.

Autre effet. Quand une peinture de caisse est terminée avec du vernis anglais, et qu'à certaines places ce vernis se retire et s'écarte comme s'il eût été appliqué sur du suif, qu'il perd son brillant et ne sèche pas, en voici la cause : c'est que la peinture n'a pas été passée au blanc d'Espagne avant l'application du vernis anglais ; que les places où ce dernier se retire sont des parties grasses occasionnées par l'attouchement des doigts crasseux de l'ouvrier qui a peint les raccords, et que si le vernis perd son brillant et ne sèche pas, c'est qu'on a négligé d'entretenir assez de chaleur dans l'atelier où s'est opéré le vernissage.

Passez donc une caisse au blanc d'Espagne, ainsi qu'il a été dit plus haut, afin d'enlever à la surface de la peinture les taches et la crasse produites par les mains de l'ouvrier, chauffez l'atelier convenablement avant, pendant et après l'application du vernis, et vous obtiendrez un résultat opposé, c'est-à-dire que le vernis ne s'écartera pas, restera brillant et séchera parfaitement.

Autre effet. Quand des peintures de caisses de berlines ou coupés sortent d'être terminées proprement, sans draperies, et que quelques heures après il s'en forme autour des impériales, en voici la cause : C'est que ces dernières n'ont pas été passées au blanc comme les autres parties et qu'elles ont été vernies trop grassement ; le vernis ne pouvant prendre aussi vite que sur les panneaux passés au blanc, coule par-dessus le vernis pris, ne pouvant se lier. — Pour éviter ces désagréments, passez l'impériale au blanc comme les autres panneaux, ne vernissez pas trop grassement, et vous n'aurez pas de coulures, attendu que le vernis séchera et se liera en même temps. Il faut bien observer, pour éviter les draperies aux panneaux noirs des berlines, coupés, etc., de vernir ces panneaux noirs aussitôt l'impériale achevée ; il ne faut pas laisser au vernis appliqué le temps de se sécher.

Autre effet. Quand une peinture est terminée avec du vernis anglais épais, nourrissant les peintures et s'employant bien, restant propre et brillant après son application, et qu'en séchant ce même vernis devient tout louche, voici la cause de cet effet : C'est un vernis altéré qui a perdu son corps volatile et collant ; l'huile qui y domine le fait loucher à sa surface.

Mélangez ce même vernis avec d'autre vernis anglais frais, il restera brillant.

Pour remédier au vernissage loucheux ci-dessus, il faut polir et revernir la caisse avec du vernis parfait.

§ III. EFFETS AU SICCATIF DANS LE VERNIS ANGLAIS.

Une caisse de voiture où la peinture serait terminée avec du vernis anglais dans lequel on aurait ajouté du siccatif français, ne serait pas pour cela sèche le lendemain, elle serait toute picotée.

L'action principale du siccatif est de faire sécher ; étant introduit dans le vernis anglais dont la nature n'est pas de sécher aussi vite que le premier, il ne se lie que momentanément, c'est-à-dire pendant le temps de l'application; mais une fois le vernis appliqué sur les panneaux, ce dernier s'éloigne pour laisser agir le siccatif seul ; c'est ce qui fait ces petits trous sur les panneaux.

Les épaisseurs qui se forment autour de ces trous sont produites par le vernis anglais qui se retire à mesure que le siccatif sèche. Touchez des doigts ces petits trous, vous les trouverez secs, tandis que le vernis au contraire sera à peine séché. — Les substances pures et rectifiées employées pour la composition du dernier, ne pouvant supporter les impuretés contenues dans le siccatif, vous donnent l'explication et la solution de la question.

§ IV. NOTE SUR LES SICCATIFS.

Les siccatifs employés, et dont la fabrication est peu connue, doivent être étudiés avec soin, attendu que ces liquides sont susceptibles de compromettre la sécurité des travaux. — Si un siccatif fabriqué avec étude donne de bons résultats, c'est à la condition d'employer pour sa composition de bonne huile de lin pure dégraissée, sans ingrédients ni autres matières nuisibles à la solidité.

Sa fabrication s'exécute de la manière ci-après. On place le matras sur un feu nu; mettez dans ce vase la quantité d'huile à dégraisser dans les proportions étudiées, de manière que l'huile ne puisse, au moment de l'ébullition, déborder à l'extérieur.

Pour faciliter son dégraissage, il suffit d'y déposer quelques croûtes de pain séchées ; on laisse bouillir six ou huit heures; ce temps écoulé, on dépose sur une plaque de tôle du blanc de céruse, dit *blanc de plomb en poudre* , que l'on fait calciner en tenant la plaque au-dessus d'un feu doux, en ayant soin de le remuer pour que la calcination s'opère également jusqu'à ce que le blanc devienne d'une nuance bis-rougeâtre ; alors l'opération est faite. On retire l'huile de dessus le feu, et l'on introduit lentement le blanc calciné en agitant sans cesse le mélange avec la spatule ; cette introduction excite l'huile à monter ; il faut en conséquence l'éloigner du feu pour éviter un accident. Le blanc une fois incorporé à l'huile, on replace le matras sur le feu pendant une heure environ, on y introduit ensuite de la terre d'ombre calcinée, par le procédé employé pour le blanc de céruse ; même principe d'introduction dans l'huile. L'opération des mélanges terminée, on replace ce matras sur le feu et on laisse mijoter les matières et l'huile environ pendant six heures, en ralentissant le feu au fur et à mesure que la cuisson approche. On remue de temps en temps la surface du mélange en évitant qu'il déborde. — Le blanc et la terre d'ombre se mettent en raison de la quantité d'huile, dans la proportion de trente grammes par kilogramme d'huile.

Il faut laisser ce mélange dans le matras jusqu'au lendemain matin, dans un endroit sec ; ce temps écoulé, on le transvase dans une chaudière, en ayant soin de laisser au fond du matras le blanc de céruse et la terre d'ombre ayant servi pour siccativer l'huile de lin. On ajoute à cette dernière, devenue siccative, de l'essence de térébenthine de manière à lui donner la liquidité nécessaire à l'emploi ; il faut bien observer dans ce moment de tenir le siccatif un peu clair d'essence pour obtenir qu'au bout de six semaines il se trouve à son point d'emploi. Pendant ce laps de temps, le siccatif en reposant dépose, au fond des bouteilles hermétiquement bouchées, les impuretés des matières employées pour sa fabrication. L'huile de lin devenue siccative, en s'appropriant les substances siccatives du blanc et de la terre d'ombre, et éloignée ou séparée des impuretés restées au fond des bouteilles, de louche ou trouble qu'elle était le lendemain de sa fabrication, devient six semaines après blonde et transparente ; c'est alors qu'elle est favorable à l'emploi et reçoit le nom de *siccatif blanc*. Il suffit d'en introduire une petite quantité dans les matières et liquides pour obtenir de lui tous les avantages qu'on doit en attendre. Ce siccatif, raisonné avant, pendant et après sa fabrication, ne fera jamais picoter le vernis ; les teintes à réchampir, dans lesquelles on l'introduira, ne peloteront pas ; les teintes pourront s'appliquer les unes sur les autres, sans avoir besoin, pour les faire coller, de se servir d'éponge ou de peau pour les laver ; enfin pas de gerces à craindre.

Le siccatif recommandable pour la peinture d'équipages est le siccatif blond de la maison Aubert (rue Cadet, 6) ;

il renferme en lui comme qualité et beauté tout ce qu'il faut pour satisfaire aux exigences. Du reste, la quantité livrée chaque jour au commerce lui tient lieu de recommandation.

§ V. NOTE RELATIVE A TOUTES LES SORTES DE VERNIS EMPLOYÉS DANS LA PEINTURE D'ÉQUIPAGES.

Effets et causes. Manière d'y remédier.

Quand un vernis laisse un voile bleuâtre sur les panneaux noirs en les vernissant, qu'il roule sous l'outil et sèche difficilement avec ou sans siccatif quand il est appliqué, c'est qu'il est fabriqué depuis peu et employé trop tôt. Preuve : Laissez ce même vernis reposer un mois ou six semaines, il ne voilera plus les teintes, s'emploiera aisément et séchera sans siccatif, parce qu'il aura eu le temps nécessaire pour se dépouiller des impuretés de la cuisson et du voile bleuâtre produit par les vapeurs de l'essence et de la gomme, au moment de l'introduction, dans le matras, de l'huile avec la gomme et de l'essence froide avec la gomme et l'huile chaude. Ce sont ces vapeurs humides et grasses qui l'empêchent de sécher, le font rouler sous le blaireau et occasionnent le voile bleuâtre.

Quand un vernis ne peut supporter le polissage huit jours après son application, c'est qu'il a les défauts du vernis ci-dessus. La manière d'y remédier est de polir le mieux possible la peinture où il est appliqué, et de revernir cette dernière avec du vernis vieux fait ; quant au premier vernis, il faut le laisser en repos pour qu'il se bonifie.

Quand un vernis fripe, grippe et produit des perles dans les creux des moulures, ainsi qu'autour des boutons et écrous, c'est que l'huile et la gomme employées pour sa composition manquent de qualités et de cuisson, défaut de fabrication réparable en mélangeant ce vernis par parties avec d'autres vernis, et en leur faisant subir un coup de feu à l'aide du matras. — Pour que le vernis appliqué redevienne dans un état à peu près convenable, il suffit de laver la surface des parties grippées avec de l'eau bien chaude, et en opérant avec persévérance le résultat est souvent satisfaisant.

Quand un vernis appliqué sur des panneaux vitre sur ces

derniers une fois polis, s'arrache et colle sous le chiffon en le polissant, c'est qu'il est trop épais et qu'on y a mis trop d'essence pour l'employer, ce qui lui fait perdre son moelleux : effet réparable en revernissant la surface altérée avec du vernis plus gras et en repolissant cette dernière. Pour le vernis, il faut, pour le bonifier, le mêler avec d'autres vernis moins épais et plus gras. Ces effets de vitrer, qui parfois changent de genres, sont causés par les gommes tendres, comme aussi par les gommes laques employées dans la fabrication du siccatif.

Quand un vernis s'écaille sous l'ongle quelques jours après son application, c'est un vernis manquant d'huile dans sa fabrication et appliqué sur des teintes trop séchées ; ne pouvant les pénétrer, il reste à leur surface où l'air a bientôt absorbé l'essence ; ne restant que peu d'huile, la gomme s'écaille facilement : effet réparable en polissant légèrement les surfaces et en revernissant avec du vernis plus gras. —Quant au vernis, il suffit de le mélanger à chaud et de lui donner un coup de feu dans un matras avec de l'huile cuite. — Tous les vernis français, sans exception, privés d'huile dans leur fabrication et appliqués sur des teintes trop sèches à la surface, écailleraient infailliblement, même en ayant employé des gommes dures pour les fabriquer.

Quand un vernis blanchit et devient terne quelque temps après son application, c'est qu'il a été fabriqué avec des gommes tendres et des huiles trafiquées, qui, n'ayant pas assez de nerfs et de souplesse pour résister à l'action de l'air et à la fatigue des lavages, ces matières et liquides ne pouvant former corps élastique ensemble, c'est pourquoi l'air altère l'essence qui est la plus volatile, l'huile ensuite, et la gomme, restant seule privée d'huile et d'essence, devient blanche, terne et tombe en poussière. Effet irréparable, peinture à refaire.

Quant au vernis, on ne saurait en faire d'autre usage qu'en l'employant pour la détrempe des teintes à raccords ou autres travaux de peu d'importance.

Quand un vernis devient louche et qu'il plombe à la surface le lendemain de son application, c'est que dans sa fabrication l'huile domine et n'est pas assez dégraissée, ni assez cuite avec la gomme dans le matras. — N'ayant pu former corps élastique et solide avec la gomme et l'essence, elle remonte à la surface quand le vernis est appliqué, et elle louche : effet facile à comprendre, attendu que la gomme et l'essence se collant à la peinture du fond, attirent à elles la partie d'huile pure, et que celle impure remonte dessus et produit l'effet ci-dessus. — On remédie à cet effet en polissant et revernissant avec du vernis parfait; quant au vernis, on le bonifie en le mélangeant à chaud avec d'autre vernis plus maigre, de la manière déjà indiquée.

Quand un vernis se tient nif et propre, pendant et après l'application, et que le lendemain il est aplati et sableux, c'est un vernis imparfait de fabrication, où les matières et ingrédients employés pour siccativer l'huile ne sont pas dégagés de cette dernière par la décantation; effet facile à comprendre : Un vernis exempt d'impuretés doit graduellement sécher sans dangers pour sa surface, mais celui qui en comporte doit, au fur et à mesure qu'il se sèche, les repousser; ce sont donc ces impuretés repoussées qui, restant à la surface, causent cet effet qui se sépare en repolissant et vernissant avec du vernis parfait.

Pour le vernis, on le mélange à chaud avec d'autre vernis, en ayant soin de laisser ce mélange reposer quelque temps pour obtenir par la décantation l'éloignement de ces ingrédients nuisibles.

Quand un vernis picote deux heures après son application, c'est le siccatif ajouté au moment de l'emploi, pour le faire sécher, qui est la cause de cet effet. Ce siccatif ayant trop de force cause une réaction au vernis, qui s'éloigne pour le laisser sécher seul, c'est ce qui occasionne tous ces petits picotements où le siccatif se fixe. On remédie à cela en polissant et revernissant avec d'autre vernis. Quant au premier vernis, il faut, pour le rendre susceptible d'être employé avec sécurité, le mélanger avec d'autre en plus grande quantité sans remettre du siccatif, laisser reposer le mélange quelque temps, puis le soutirer au clair; de cette manière, le siccatif aura le temps de déposer ses impuretés au fond du vase.

L'effet ci-dessus se produit surtout avec les vernis gras où l'huile et les matières de sa composition sont pures, comme aussi ces effets sont produits par des fonds de siccatif non reposés ; c'est à quoi il faut faire attention.

Quand un vernis vif et brillant devient trouble et louche dans le bidon qui le contient, c'est à force de le boucher et de le déboucher. En effet, l'air qui s'y introduit se condense dans l'intérieur, puis retombe en vapeur humide sur le vernis et le trouble. Preuve : Happez l'haleine au-dessus d'un vernis gras transvasé, sa surface se troublera aussitôt. Les bidons contenant les vernis doivent toujours être hermétiquement fermés.

En mélangeant le vernis à chaud avec d'autres vernis, l'humidité s'en éloigne et le rend de nouveau propre à être employé.

Quand un vernis est trop vieux de fabrication, il devient épais et perd sa transparence ; cela est dû à l'évaporation de l'essence et à l'humidité qui le trouble. — Pour obtenir son emploi facile, on le coupe avec de l'essence fraîche, ce qui le rend liquide; mais ne peut néanmoins faire corps solide avec la gomme et l'huile, ce qui fait qu'aussitôt appliqué sur des teintes, il voile, s'y colle, et l'air détruit l'essence froide qui n'a pu se lier fortement avec les autres parties du vernis ; ayant perdu son élasticité et sa limpidité, il gerce et devient plat. Il faut donc éviter de garder trop longtemps des vernis en magasin sans les employer, et surveiller les périodes de leur emploi.

En effet, le vernis employé peu de temps après sa fabrication ne sèche pas, roule sous l'outil et voile les teintes; employé au contraire trop vieux de fabrication, il sèche trop, s'emploie difficilement, et le voile qu'il produit, au lieu d'être bleuâtre, est blafard et trouble. La surveillance des vernis, pour obtenir un travail parfait, est de rigueur.

§ VI. PRINCIPE DE SOLIDITÉ.

Appliquez une couche de peinture, de composition grasse ou brillante, sur un panneau ou sur un train, et que la couche appliquée ensuite soit mate ou terne, elle gercera ou faïencera inévitablement, attendu que la couche du dessous étant plus élastique forcera celle du dessus à se fendre, travail compromettant la sécurité des travaux. Cette observation renferme en elle tout le principe d'exécution raisonné, le seul praticable pour arriver à la perfection comme solidité. Ainsi, n'appliquez jamais de couches ternes sur des couches brillantes qu'à la condition qu'une couleur appliquée brillante soit séchée à fond, de manière que celle à appliquer, terne ou mate, par-dessus ne puisse compromettre la solidité, et encore, par prudence, ternissez la surface de la couche appliquée avant l'application de la seconde.

Il arrive parfois qu'aux voitures, berlines ou coupés, les cuirs ondulent près des plaqués et surtout autour de la lunette, et font l'effet d'une peinture grippée. Cet effet est causé par l'humidité de l'eau qui s'infiltre dans les trous de clous des plaqués ; l'intérieur de la vache, qui fait éponge d'abord, boursouffle, puis ensuite, séchant, s'aplatit sans pouvoir reprendre son état primitif. On ne peut remédier à cela qu'en changeant le cuirs. Cependant on peut éviter ces effets en ayant la précaution, quand les plaqués sont demandés noirs, de les faire poser aussitôt après l'opération des derniers mastics poncés ; passer dessus du papier de verre pour enlever la crasse ; cela fait, les mettre en gris en ayant le soin d'en faire entrer le long des baguettes, les mastiquer au mastic à l'huile pour empêcher que l'eau ne puisse s'y introduire et en suivre la peinture. De cette manière, jamais les cuirs ne bougeront.

Pour les caisses où les plaqués sont blancs et cuivre poli, il faudrait, pour obtenir un résultat parfait, que ces caisses soient plaquées sur le dernier poli de la peinture, et les baguettes mastiquées au mastic à l'huile; — tirer ensuite une istelle de noir le long de ces dernières et vernir après. Le vernis à finir, remplissant les endroits creux, empêcherait l'eau de passer, ce qui conserverait les cuirs intacts. Ce principe était suivi autrefois par les carrossiers et peintres, mais aujourd'hui ces baguettes se posent quand le vernis à finir est appliqué. Pour combattre ce vice, il y aurait un moyen : il faudrait que le plaqueur eût la pensée de percer le trou dans les cuirs avec un poinçon d'une grosseur moindre que celle du clou qui doit rentrer dans ce trou, de manière à faire pression et empêcher l'eau de rentrer ; alors pas de boursoufflures à redouter.

CHAPITRE XIV.

§ 1er. REVERNISSAGE DE VOITURES.

e polissage et le revernissage simples d'une peinture s'exécutent de la manière suivante : Polir caisse et train à la ponce et au chiffon; — faire tous les raccords et appliquer une seule couche de vernis. Ce travail n'est pas de longue durée.

Le polissage et revernissage bien exécutés résistent et remettent une peinture dans un état parfait; voici le principe : Polir d'abord la caisse, sur laquelle on ponce toutes les petites écailles des recouvrements des portières, ainsi que les istelles, avec une pierre coupante et mince pour atteindre dans les fonds et éviter de toucher aux panneaux; cela fait, exécuter les raccords avec soin ; si les noirs sont passés ou fléchis, on leur donne une petite couche de japon, ce qui les rend comme neufs; une fois séchés, on donne une couche de vernis à la caisse entièrement, ce qui absorbe tout le corps terreux des teintes de raccords. Cette couche aussitôt séchée, la polir avec de la ponce finement broyée pour après la vernir en dernier ressort avec du vernis filtré. Ce travail fera honneur à qui l'exécutera.

Pour le train, une fois poli, gratter les faces des ressorts, poncer autour des feullles, épousseter, et ensuite, avec un peu de vernis siccatif coupé, frotter tous les petits coins et les dessous pour anéantir la ponce et la poussière, nuisibles à la propreté du vernis à finir; faire tous les raccords avec soin ; si les réchampissages du train sont passés ou sales, leur donner une petite couche avec de la teinte fraîche, ce qui fera supposer que la peinture est refaite à neuf; par-dessus ces réchampissages, appliquer le vernis en dernier ressort.

§ II. REVERNISSAGE DE PEINTURES FINIES AU VERNIS ANGLAIS.

Pour ces sortes de revernissages de peintures, il faut, si l'on veut réussir du premier coup, y apporter beaucoup d'attention. Il faut d'abord se rendre compte de l'époque à laquelle cette peinture à revernir aurait pu être faite, ce qui est facile à trouver en exécutant le polissage. En effet, si l'époque est rapprochée, le vernis de la caisse est collant; si au contraire elle est éloignée, le vernis est plus sec. S'il y a peu de temps que cette peinture a été faite, il faut polir, faire tous les raccords et les arrêter de vernis, puis rentrer la voiture dans un atelier chauffé, avant et pendant l'application du vernis anglais, pour obtenir la fermentation que la chaleur produit et le rendre élastique et limpide ; alors il se colle bien avec celui de la caisse que la chaleur a également ramolli ; chauffer encore l'atelier après l'application pour obtenir qu'il forme la pellicule à sa surface ; ce qu'il lui faut pour être bien réussi et que l'on n'obtient qu'à ces seules conditions; autrement, il ne se colle pas ni ne sèche, grippe ou picote, ce qui est à recommencer.

Pour une peinture d'ancienne date, ne pas hésiter de lui donner, sur le poli, une petite couche de vernis français dans lequel il faut ajouter un peu de siccatif ; ne pas oublier surtout d'appliquer de ce vernis sur toutes les parties vernies à l'anglais. En exécutant dans un atelier chauffé, le séchage de cette couche réussit bien ; quand cette dernière sera durcie à polir, polir avec de la ponce fine en évitant de découvrir le vernis du fond, faire les raccords et les arrêter de vernis ; ensuite appliquer le dernier vernis sans avoir besoin de chauffer l'atelier aussi fort que pour le revernissage précédent, attendu que ce fond est devenu fond ordinaire par l'application de la couche de vernis français sur le vernis anglais.

En n'observant pas cette petite couche de vernis français à appliquer sur la peinture vernie à l'anglais, et en voulant passer outre, on se crée le désagrément de voir un fond grêlé qui ne sèche pas; pour le remettre en état, il faut reprendre le principe de la petite couche de vernis français; il faut, pour ce genre de travail, un ouvrier exercé et convaincu de la réussite de son œuvre. Il faut polir partout également, exécuter les raccords et les arrêter de vernis, rentrer la voiture dans un atelier chauffé, pour éviter que la surface polie ne recrasse par les brouillards, la buée et l'humidité, et soigner le feu pendant et après l'application du vernis anglais. Pour en finir avec attention, du moment que le travail est commencé, on ne peut le quitter qu'entièrement terminé ; autrement le vernis anglais du fond poli reprend un voile que le vernis appliqué dessus ne peut traverser ; c'est pourquoi il grippe, fripe, s'écarte ou picote selon la quantité qu'on y applique, et ne sèche plus. — Donc, ouvrage à recommencer.

§. III. DEMI-PEINTURE.

On appelle *demi-peintures* celles qu'on ne ponce pas à la pierre ; il suffit de leur donner un coup de chiffon à la ponce broyée à l'eau, adoucir un peu les écailles, mastiquer les plus grands trous avec du mastic à l'huile, faire les raccords, donner une couche de teinte entièrement neuve, et ensuite une petite couche de vernis ; aussitôt séchée, donner un coup de chiffon, faire le réchampissage et appliquer le vernis à finir.

§ IV. VIEILLES PEINTURES A REFAIRE ENTIÈREMENT.

Pour refaire une vieille peinture à neuf, il faut poncer à fond la caisse, gratter entièrement les jantes des roues, les faces des ressorts et adoucir les écailles. Quand le ponçage est terminé, appliquer une couche de gris et exécuter ensuite la nouvelle peinture comme aux voitures neuves.

§ V. PRUDENCE D'EXÉCUTION.

Quand on aura des voitures à peindre, berline, coupé, coffre à tonneau ou autres, recouvertes par des cuirs, et que les peintures appliquées sur ces cuirs se trouveront fendillées ou gercées, il faut bien se garder, pour enlever ces peintures, de se servir de la chaleur de charbons ardents déposés dans une chaufferette qui, présentée à sa surface, les amollit de manière à pouvoir les enlever sans efforts, comme aussi ne pas y appliquer d'essence pour y mettre le feu, ce qui facilite l'enlèvement desdites peintures ; cette manière d'opérer accélère sans doute le travail, mais il y a un grand inconvénient : c'est que la chaleur ardente que reçoivent les cuirs force ces derniers à se décoller des panneaux en bois, et conséquemment à boursouffler; ensuite, privés entièrement de peinture, il devient nécessaire de les réapprêter à neuf, ce qui est fort long et ne les remet pas dans un état parfait.

Le meilleur principe à adopter, le voici : Poncer les panneaux avec des pierres de ponce tendre (cela paraît long, mais c'est plus prudent), attendu que les gerçures n'atteignent pas toujours les couleurs jaunes et les couches de blanc qui constituent les apprêts des peintures, ce qui fait qu'elles peuvent y être conservées, puisque le ponçage à exécuter peut être dirigé selon les exigences des fendillages.

Quoique en apparence cette dernière manière d'exécuter paraisse longue et coûteuse, elle est, sous tous les rapports, plus prompte et aussi plus avantageuse que la première, car sur vingt cuirs qui reçoivent la chaleur, comme il a été dit plus haut, dix-huit boursoufflent.

Quand une vieille peinture est gercée, il faut que toutes les gerçures soient enlevées avant l'application de la nouvelle peinture ; autrement, elles se reverraient peu à près.

§ VI. GRATTAGES ET PONÇAGES.

Quand la peinture d'un train de voiture à repeindre est blanche, jaune ou rouge, et que celle à refaire est demandée brune, noire, bleue ou autres couleurs foncées, il faut, pour éviter que la peinture claire du dessous ne se découvre au moindre choc, en gratter toute la vieille peinture claire des ferrures sans exception, les entre-raies, les moyeux et les jantes des roues entièrement, ces derniers endroits étant susceptibles de faire écailler les peintures anciennes et nouvelles. Pour les autres parties du train en bois, il suffit de les poncer à la pierre ponce et à l'eau, un peu fortement, vu que les pores du bois aspirent la couleur, ce qui n'existe pas pour les ferrures.

Ces mêmes précautions sont applicables pour les peintures foncées à refaire en couleur claire.

Il n'y a que dans le cas de couleur claire sur couleur claire, et couleur foncée sur couleur foncée, que l'on peut éviter de gratter les ferrures; le ponçage est alors suffisant.

§ VII. PEINTURE A REFAIRE SUR VERNIS ANGLAIS.

Depuis une vingtaine d'années, les peintures françaises fendillent moins qu'avant cette époque, ou, pour mieux dire, ne gercent plus, progrès qu'il faut attribuer à l'amélioration de nos vernis et à la qualité des vernis anglais employés pour vernir la surface des peintures en dernier ressort.

Pour refaire une peinture terminée au vernis anglais, il ne faut pas la poncer avec une pierre de ponce, mais polir sa surface avec un chiffon de drap surchargé de ponce broyée à l'eau, un peu ronde, sans pour cela rayer le vernis, poncer les istelles et adoucir les écailles; cela fait, appliquer une couche de couleur grise pas trop épaisse et proprement, qui paralysera l'effet de la surface élastique et collante du vernis anglais qui empêche toujours de sécher à fond la nouvelle peinture qu'on y applique. Preuve : En économisant cette couche de gris appliquée sur le polissage, et en appliquant une couche de teinte détrempée au vernis, cette dernière ne séchera pas; si elle est terne, elle sera exposée à gercer ou fendiller (effet du terne sur le brillant); si elle est grasse ou brillante, elle ne séchera pas encore et se trouvera sujette à de mauvais effets causés par la surface élastique du vernis qui tend à la repousser ; tandis qu'en appliquant une petite couche de gris, comme il est dit ci-dessus, composée de bon blanc de céruse broyé fin, détrempé à l'essence propre et un peu de siccatif de bonne qualité, la couleur grise pénètre et traverse la surface du vernis anglais, rassure toutes les parties poncées à la pierre de ponce, redonne aux fonds l'uniformité, facilite la découverte des défauts à mastiquer, comme aussi donne la sécurité pour exécuter la peinture à refaire. Il y a donc avantage marqué en observant cette couche de gris.

§ VIII. DÉTAILS DE PRÉCAUTIONS.

Il ne faut pas laisser longtemps les voitures, peintes ou non, exposées à l'ardeur des rayons du soleil; la chaleur qu'elles en reçoivent fait clocher les peintures, fendre les panneaux en bois, décoller et boursoufler les cuirs collés sur les bois des berlines ou coupés; enfin les rayons du soleil font changer et altérer les nuances des couleurs en détruisant la surface du vernis.

Pour paralyser la réverbération des rayons du soleil dans un atelier vitré, il suffit de barbouiller les vitraux avec du blanc d'Espagne qu'on applique à leur surface avec une éponge humide. La même précaution est à prendre pour empêcher les effets désastreux produits par la réflexion de la lune, qui, quoique moins actifs, sont plus dangereux pour l'altération des nuances et la détérioration des vernis.

§ IX. RECETTE POUR ENLEVER LES TACHES SUR LE VERNIS.

Prenez un morceau de drap humide sur lequel vous passez un morceau de blanc d'Espagne séché, ajoutez sur le blanc resté au drap quelques gouttes d'huile d'olive fine pour empêcher le blanc de ternir les vernis, frottez la partie tachée, et, quand les taches sont enlevées, passez légèrement les doigts ou la pomme de la main pour faire revenir le brillant au vernis, et pour enlever les aspérités du blanc et de l'huile ; si parfois la partie frottée se trouvait altérée, prenez une goutte d'huile d'olive au bout du doigt, passez-la dessus, en l'étendant le plus possible, et le brillant reviendra ; pour terminer cette opération, passez un peu de farine ordinaire sur ces endroits, puis après le foulard pour essuyer. Cette recette est infaillible et, sans contredit, la meilleure, attendu que l'huile d'olive bonifie les vernis au lieu de les détruire.

§ X. LUSTRAGE.

Le lustrage s'exécute sur une peinture quand elle est vernie en dernier ressort; cette opération exige beaucoup de soins et de patience de l'ouvrier chargé de ce travail. Il faut, pour lustrer une caisse, se servir de la ponce propre, broyée très fin à l'eau et appliquée sur un morceau de drap bien doux, avec lequel on polit le panneau à lustrer, en évitant de rayer et de biseauter, effet peu convenable qui s'aperçoit toujours. Il faut avoir le soin de tirer le polissage à l'eau ; ceci fait, on enlève la ponce avec l'éponge et on essuie avec la peau de chamois.

On reprend ensuite un morceau de drap surchargé de tripoli également broyé très fin à l'eau, avec lequel on repolit le panneau déjà exécuté à la ponce ; le tripoli s'emploie pour attirer le brillant du vernis à la surface des peintures ; il faut encore éviter de biseauter les panneaux. Cette deuxième opération de polissage exécutée, on lave également à l'éponge et à la peau, puis on passe la pomme de la main sur les panneaux, mais légèrement, pour donner au vernis le brillant exigé pour les lustrages. Pour terminer, on prend une ou deux gouttes d'huile d'olive que l'on passe le plus à sec possible en l'étendant sur le panneau, ce qui donne le brillant de glace et absorbe les aspérités de la ponce et du tripoli ; le foulard qu'il faut y passer en dernier achève de donner la propreté.

Si toutefois la perfection n'était pas obtenue au premier coup, il faut recommencer l'opération sans hésiter ; c'est à ce titre qu'on obtient le parfait du lustrage. Les vernis les plus favorables aux lustrages sont ceux nourris d'huile bien cuite.

BUT DU LUSTRAGE.

Le but du lustrage est d'obtenir un brillant qui soit égal et doux à l'œil, brillant à faire supposer qu'il est produit des dessous, et non comme celui produit par le vernis à finir qui ne le conserve que temporairement.

§ XI. NOTE RELATIVE AUX BROYAGES, A L'ESSENCE ET A L'HUILE.

Pour l'ouvrier qui raisonne le travail, tous les broyages sont bons, attendu qu'il sait en régler les détrempes. Cependant, le broyage à l'essence accélère beaucoup plus que celui à l'huile, laisse les teintes plus franches et excite plus les vernis à pénétrer les matières terreuses, ce qui donne la solidité ; le broyage à l'huile exige pour le séchage des matières broyées avec ce liquide, qu'on ajoute du siccatif, à moins d'attendre l'action de la température, ce qui nécessite de la part de l'ouvrier de l'expérience, afin de s'assurer du moment favorable à l'application d'une couche sur une autre pour éviter de compromettre la sécurité de l'ouvrage, attendu que les matières broyées à l'huile, quand elles sont appliquées, laissent toujours douter si leur surface est oui ou non sèche.

Il faut donc conclure de là que le broyage à l'essence est plus avantageux que celui à l'huile pour matières à composer les teintes; mais pour les matières employées à la composition des impressions (fondation d'une peinture), c'est celui à l'huile qui est préférable.

A mesure que l'ouvrier s'instruit et raisonne sur le travail, il reconnaît que chacun de ces deux broyages a son avantage particulier.

EXÉCUTION INFAILLIBLE.

Résultat de la pratique et de l'expérience, pour obtenir la célérité des travaux.

Les peintures les plus solides sont celles exécutées sur des apprêts durcis et bien poncés, où l'application des couches de gris, teintes et vernis, a été régulièrement faite, celles où les couches de vernis sont bien durcies pour la main-d'œuvre des polissages, et enfin celles où les polissages terminés, on exécute les raccords et ensuite le vernissage en dernier ressort. Le résultat qu'on obtient est que toutes les couches se lient ensemble et forment corps solide sur les apprêts durcis, ce qui doit être, n'éprouvant pas d'obstacles par la buée ni par l'humidité.

Voici l'explication de ce principe:

Il faut mettre en chantier (expression familière d'atelier) la voiture à peindre dans un atelier chauffé sans interruption; de cette manière, les couches de couleurs aussitôt appliquées sèchent régulièrement sans éprouver les effets de variation de la température.

Pour obtenir la célérité, tout le principe est renfermé dans ceci:

S'il faut pour sécher une couche de couleur appliquée sur

un panneau, dix heures de temps dans un atelier chauffé à dix degrés,

En chauffant à vingt degrés, cette couche devra être séchée en cinq heures. Ce principe simple et logique, donnant un résultat incontestable, sera, l'auteur ose l'espérer, approfondi par les ouvriers sérieux qui voudront bien s'appliquer avec zèle à l'étude de la peinture, car le travail sans le raisonnement, c'est la pratique sans la théorie; c'est en un mot le travail imparfait de l'homme inintelligent qui manœuvre sans prévoir les conséquences de ce qu'il fait.

CONCLUSION.

L'auteur a la conviction d'être resté dans la vérité, attendu que cet ouvrage, où la peinture en équipages est démontrée et raisonnée catégoriquement, où les effets produits et les causes qui ont déterminé ces effets sont observés, ainsi que la manière de remédier aux effets, remplit le but qu'il s'était proposé d'atteindre, c'est-à-dire d'arriver à obtenir pour solution, ainsi qu'il a été dit dans la préface,

BEAUTÉ, SOLIDITÉ ET CÉLÉRITÉ.

FIN.

TABLE DES MATIÈRES.

Paris.—Typ. d'Emile Allard, r. d'Enghien, 14.

www.ingramcontent.com/pod-product-compliance
Ingram Content Group UK Ltd.
Pitfield, Milton Keynes, MK11 3LW, UK
UKHW012046240726
13965UKWH00003B/1069